SUR LES CHEMINS DE L'ESPRIT

Itinéraire d'un philosophe chrétien

Jean Borella

SUR LES CHEMINS DE L'ESPRIT

Itinéraire d'un philosophe chrétien

Collection Théôria

L'Harmattan

5-7, rue de l'École-Polytechnique, 75005 Paris

http://www.editions-harmattan.fr

ISBN : 978-2-343-14704-8
EAN : 9782343147048

Collection *Théôria*
dirigée par Pierre-Marie Sigaud
avec la collaboration de Bruno Bérard

Jean BORELLA, *Problèmes de gnose*, 2007.

Wolfgang SMITH, *Sagesse de la cosmologie ancienne – Les cosmologies traditionnelles face à la science contemporaine*, 2008.

Françoise BONARDEL, *Bouddhisme et philosophie – En quête d'une sagesse commune*, 2008.

Jean BORELLA, *La crise du symbolisme religieux*, 2008.

Jean BIÈS, *Vie spirituelle et modernité*, 2008.

David LUCAS, *Crise des valeurs éducatives et postmodernité*, 2009.

Kostas MAVRAKIS, *De quoi Badiou est-il le nom ? Pour en finir avec le (XXe) siècle*, 2009.

Reza SHAH-KAZEMI, *Shankara, Ibn 'Arabî et Maître Eckhart – La voie de la Transcendance*, 2010.

Marco PALLIS, *La Voie et la Montagne – Quête spirituelle et bouddhisme tibétain*, 2010.

Jean HANI, *La royauté sacrée – Du pharaon au roi très chrétien*, 2010

Frithjof SCHUON, *Avoir un centre*, 2010.

Patrick RINGGENBERG, *Diversité et unité des religions chez René Guénon et Frithjof Schuon*, 2010.

Kenryo KANAMATSU, *Le Naturel – Un classique du bouddhisme Shin*, 2011.

Frithjof SCHUON, *Les Stations de la Sagesse*, 2011.

Jean BORELLA, *Amour et Vérité – La voie chrétienne de la charité*, 2011.

Patrick RINGGENBERG, *Les théories de l'art dans la pensée traditionnelle – Guénon, Coomaraswamy, Schuon, Burckhardt*, 2011.

Jean HANI, *La Divine Liturgie*, 2011.

Swami Śri KARAPATRA, *La lampe de la Connaissance non-duelle*, suivi de *La crème de la Libération*, attribué à **Swami TANDAVARYA**, suivis d'un inédit, *La Connaissance du soi et le chercheur occidental* de **Frithjof SCHUON**, 2011.

Paul BALLANFAT, *Messianisme et sainteté – Les poèmes du mystique ottoman Niyâzî Mısrî, (1618-1694)*, 2012.

Frithjof SCHUON, *Forme et substance dans les religions*, 2012.

Jean BORELLA, *Penser l'analogie*, 2012.

Jean BORELLA, *Le sens du surnaturel*, 2012.

OUVRAGES COLLECTIFS

Métaphysique des contes de fée, Bruno Bérard et Jean Borella, L'Harmattan, 2011.

« De la connaissance métaphysique : La métaphysique comme épiphanie de l'Esprit », in Bruno Bérard (éd.), Jean Biès, Jean Borella, François Chenique, Martin Heidegger, Aude de Kerros, Kostas Mavrakis, Pamphile, Alain Santacreu, Wolfgang Smith, Emmanuel Tourpe, Jean-Marc Vivenza, *Qu'est-ce que la métaphysique ?* L'Harmattan, 2010.

« Gnoza cere posibilitati ale intelegentei care nu sint egal prezente la toti oamenii », in Bogdan Mandache, *Sensul ascuns : Dialoguri despre esoterism,* Editura Cronica, Iasi, 2005.

« Réponses sur la Tradition », in Arnaud Guyot-Jeannin, *Enquête sur la Tradition,* Trédaniel, 1996.

« Spre o teorie unitatil relgilor », in Bogdan Mandache, *Teofania interiora : Dialoguri cu teologi catolici contemporani,* Editoria Presa Buna, Iasi, 1996.

« Intelligence spirituelle et Surnaturel » in Éric Vatré, *La Droite du Père : Enquête sur la Tradition catholique aujourd'hui,* Trédaniel, Paris, 1994.

« La crise actuelle de l'Église est antichrétienne », propos recueillis par Yves Chiron, in revue *L'Âge d'Or,* n° 5, Hiver 1986.

PRÉFACES

Introduction à l'ésotérisme chrétien, abbé Henri Stéphane, nouvelle édition, Dervy, 2006.

Anthropologie du geste symbolique, Yves Beaupérin, L'Harmattan, 2002.

Sagesse chrétienne et mystique orientale, François Chenique, Éditions Dervy, 1996.

Lumière du Non-dualisme, Georges Vallin, Presses Universitaires de Nancy, 1987.

La quête de Raphaël, Patricia Douglas Viscomte, Éditions Fideliter, 1983.

POSTFACES

« Problématique de l'unité des religions », in *Introduction à une métaphysique des mystères chrétiens,* Bruno Bérard, L'Harmattan, 2005.

« De l'ésotérisme chrétien », in *Introduction à l'ésotérisme chrétien,* abbé Henri Stéphane, Éditions Dervy, 1983, épuisé.

NOTE PRÉLIMINAIRE

Ce livre résulte, en partie, de la fusion de mes réponses à deux questionnaires. Le premier, inédit en France, me fut adressé en 1990 par Bogdan Mandache, philosophe catholique roumain, membre de l'Institut Culturel Européen de Iasi. Mes réponses, traduites en roumain, furent publiées en 1991 et 1992 dans les Revues *Cronica* et *Echidistante*. Le second questionnaire, avec mes réponses, fait partie du recueil collectif dirigé par Éric Vatré et publié en 1994 chez Guy Trédaniel, sous le titre *La droite du Père – Enquête sur la tradition catholique aujourd'hui*. Ces deux questionnaires se recoupent partiellement, ce qui m'a permis, après l'élimination des passages redondants, de les réunir en un seul ouvrage. Ce fut, évidemment, l'occasion de réviser mes propos, voire de les rectifier, et de faire connaître les circonstances qui m'avaient conduit à les tenir. D'où le caractère éventuellement biographique de ce livre et l'emploi de la première personne du singulier. À des questions personnelles, les réponses ne peuvent être que personnelles. À mes réponses, j'ai ajouté des textes inédits, relatifs à des questions apparentées. Bogdan Mandache comme Eric Vatré m'ont interrogé sur René Guénon, Frithjof Schuon, l'ésotérisme, l'unité des religions, ainsi que sur la crise de l'Église catholique, la tradition, le concile de Vatican II, Mgr Lefebvre, la foi, la philosophie, etc. S'est ainsi constitué un ensemble de textes librement regroupés autour de trois thèmes généraux : religion, ésotérisme, philosophie.

1ère PARTIE

RELIGION

CHAPITRE I

REPÈRES BIOGRAPHIQUES

Je suis né dans une famille catholique, j'ai reçu une éducation catholique, et j'ai toujours assisté à la messe dominicale. Je dois cette éducation essentiellement à ma mère, mon père, aviateur de carrière, ayant péri dans un accident d'avion, en 1937, lorsque j'avais sept ans. Cette éducation, cependant, me laissait intérieurement très libre : la piété de ma mère était en apparence peu démonstrative, et consistait surtout dans l'accomplissement rigoureux de ses devoirs religieux. Mais ce catholicisme modeste, et qu'on pourra juger quelque peu formel, possédait la force d'une évidence indiscutable et la tranquillité d'une certitude parfaitement sincère. Aussi, l'adolescent que je fus pouvait-il s'approprier cette foi et cette pratique, et l'intérioriser sans difficulté. J'aimais spontanément les choses religieuses. L'hostilité très vive du milieu scolaire à la religion, telle que je le perçus et la subis quand mon frère et moi fûmes obligés de fréquenter l'école publique, me renforça instinctivement dans la conviction que je devais être le défenseur de la foi et de l'Église. Cette hostilité, d'ailleurs, me paraissait normale ; je n'en souffrais pas intérieurement, et j'appréciais beaucoup mon maître d'école. Ainsi je n'ai pas connu de crise de la foi. Vers l'âge de quatorze ans, je pris connaissance de la preuve cartésienne de l'existence de Dieu par la présence en nous de l'idée d'infini ; cela, grâce à un livre du P. Mendigal – aujourd'hui bien oublié. J'en reçus une lumière décisive et une certitude invincible au doute. Je m'irritais de voir tant de camarades insensibles à la contrainte logique ou indifférents. Cela n'a d'ailleurs pas changé aujourd'hui.

homme, devais-je continuer à penser par concepts, mais je percevais joyeusement un espace supra-conceptuel où l'intelligence pouvait vraiment respirer : ainsi qu'un homme qui, pour marcher, a besoin de ses jambes, mais dont le regard baigne dans la lumière.

Durant ce temps, à la Faculté des Lettres de Nancy, je reçus l'enseignement de Raymond Ruyer, l'un des plus grands philosophes de l'histoire française de la philosophie. Son apparence modeste, son dédain souriant de toute rhétorique théâtrale, la simplicité de sa vie déroutaient les amateurs de célébrités. Sa *philosophie de la nature* demeure pour moi, tout simplement, l'expression de la vérité, et son génie commence à être reconnu.

C'est peu après que je pris connaissance, sur la foi d'un ami, de l'œuvre de Guénon, en 1953, puis de celle de Frithjof Schuon, avant de rencontrer l'homme lui-même. La ferveur des guénoniens que je fréquentais était grande. Ils me disaient : l'Angleterre a Shakespeare, l'Italie Dante, l'Allemagne Goethe, la France a Guénon. Je ne saurais dire cependant, comme certains, que la lecture de ses livres fut l'événement le plus important de ma vie. Philosophiquement, ou métaphysiquement, ayant lu Denys l'Aréopagite et Eckhart, je savais déjà l'essentiel. Mais Guénon m'enseigna la *science sacrée* – symbolisme et cosmologie –, le *Vedânta* shankarien, ainsi qu'un certain langage grâce auquel on pouvait parler de métaphysique avec une précision quasi-mathématique ; encore que, sur ce dernier point, je n'ai jamais pu me départir du souci *philosophique* de chercher à comprendre ce que je disais, alors que trop souvent on se contente de laisser « fonctionner » dans notre tête une certaine grammaire spéculative – souci de comprendre qui ne peut aller sans une mise en question. Il ne me semble pas que je puisse jamais oublier cette leçon que m'enseigna, ineffaçablement, la philosophie universitaire. Je dois avouer cependant que la lecture des derniers chapitres du *Symbolisme de la Croix* fut vécue par moi dans une sorte d'ivresse intellectuelle, me faisant accéder à une véritable *science* métaphysique.

Mais Guénon m'apprit encore autre chose : c'est la notion de Tradition ; par-là, il m'éveillait à l'idée d'intellectualité sacrée, c'est-à-dire à l'idée que l'intellection métaphysique n'était pas une activité simplement profane, comme l'est ordinairement la philosophie, mais que, sans cesser pour autant d'exercer son activité naturelle, l'intelligence peut participer de la sacralité de son Objet, et doit donc être honorée avec le respect qui convient. Nous sommes très loin ici de la mentalité moderne ; aujourd'hui, même les théologiens, bien souvent ne voient plus dans leur travail intellectuel, qu'une activité profane.

Mon rapport à Schuon fut assez différent. Juifs, chrétiens, bouddhistes ou autres pouvaient le rencontrer sans être tenus de se rattacher à l'islam ou au soufisme. Doctrinalement, il m'a convaincu de la nature « théophanique » de l'intelligence. Sa vision métaphysique était plus « réaliste » que celle de Guénon. Poète, il avait le sens « esthétique » de l'âme vivante de chaque religion. Spirituellement, il enseignait une méthode de méditation associée à l'invocation d'un Nom divin. Les thèmes de cette méditation se trouvent énoncés dans ses livres. Aux chrétiens, il était conseillé, quant à la prière, de réciter le Rosaire en latin et d'invoquer les noms de Jésus et de Marie. J'ai pratiqué cette méthode, plus ou moins régulièrement, pendant des années, jusqu'au jour où j'ai cessé, non de prier, mais d'associer la prière aux « thèmes de méditation », dont la nature « théorique » et « systématique » m'est fortement apparue : ils demeuraient étrangers à mon rapport au Christ. Un chrétien ne saurait avoir d'autre maître que Jésus-Christ[1].

J'ai suivi toutes les étapes du cursus universitaire, jusqu'à l'agrégation de philosophie que j'ai obtenue en 1960. J'ai enseigné

[1] Une précision s'impose ici. Contrairement à ce qu'affirment de prétendues révélations, alléguant des témoignages sollicités, je n'ai jamais été rituellement rattaché à Schuon, ni reçu de lui une *baraka* que je n'ai jamais demandée et qu'il n'aurait jamais transmise à un non-musulman. Ma femme et moi avons fait, en septembre 1988, un unique voyage à Bloomington, Indiana, où il résidait. Quant aux deux cents « disciples » (!), vêtus de *djellaba*, que j'aurais emmenés dans la forêt pour y prier, ils n'existent que dans l'imagination d'esprits mal intentionnés. Aux quelques amis qui se réunissaient chez nous chaque mois pour la prière, et à quelques autres, j'ai fait part, le moment venu, de ma décision de ne plus suivre la voie enseignée par Schuon.

à sept ans. Sur les judicieux conseils du professeur Gilbert Durand – que j'avais consulté –, je procédai à l'éditorialisation de ma thèse, en la divisant en deux livres indépendants, en supprimant une partie des notes et des chapitres, en en réécrivant d'autres entièrement, et en réorganisant la matière de telle sorte que chaque livre constituât un tout : trois ans d'un travail quasi quotidien, qui aboutit enfin à la publication du *Mystère du signe – Histoire et théorie du symbole*, chez Maisonneuve et Larose, en 1989[4], et à celle de *La crise du symbolisme religieux*, aux éditions L'Âge d'Homme, en 1990[5]. J'ai écrit ces deux livres en songeant aux prêtres, aux théologiens et aux exégètes de notre temps, persuadé que le modernisme, dont l'hérésie bultmannienne est la forme la plus élaborée, exprime la crise religieuse fondamentale de la civilisation occidentale, et qu'il n'y a pas encore été véritablement répondu, en dépit des efforts de Vatican II, pour mettre fin au divorce de la culture moderne et du discours de l'Église sur elle-même.

En 1995, avec mon départ à la retraite, prit fin mon enseignement à la Faculté des Lettres de Nancy. J'eus alors le loisir de me consacrer à la rédaction des ouvrages que l'évolution de ma pensée, mais aussi les circonstances, me semblaient exiger. Grâce à Pierre Marie Sigaud, j'étais à peu près libéré du soin de trouver un éditeur. Il m'offrit de publier mes travaux dans la collection Delphica qu'il dirigeait à L'Âge d'Homme, puis dans la collection Théôria qu'il avait fondée aux éditions L'Harmattan en 2007, me laissant toute liberté quant à leur orientation. Sans rejeter, en effet, ce qu'il y a pour moi d'incontestable dans l'enseignement de Guénon – il a bien « cassé le morceau » m'avait dit une fois Guy Bugault pour résumer son opinion –, je me percevais de plus en plus *étranger* au climat, plus ou moins « mythologique », dont son œuvre est entourée. Je me devais de le dire, à l'occasion, sans chercher à régler des comptes, mais au risque de paraître injuste aux yeux de certains, et d'encourir

---

[4] 3ème édition sous le titre *Histoire et théorie du symbole*, coll. Théôria, L'Harmattan, Paris, 2015.

[5] 2ème édition, revue, augmentée et mise à jour, coll. Théôria, L'Harmattan, Paris, 2008.

la réprobation et même la condamnation des lecteurs les plus fidèles à sa doctrine.

Quant aux circonstances, il s'agit principalement de la crise de l'Église catholique. J'ai mentionné, il y a un instant, la rédaction de *La charité profanée*, entreprise en 1966 au sortir du concile Vatican II. Il me faut donc préciser ce que fut pour moi « l'épreuve du concile », ainsi que les raisons qui m'ont amené à dénoncer une certaine « profanation » de la vertu de charité.

J'arrêterai là l'évocation des principales étapes qui ont suscité mon engagement philosophique ou théologique. La vie intellectuelle, celle dont je puis être amené à rendre compte dans un livre, est faite de méditations, d'approfondissements et de prises de conscience, ce dont mes publications ultérieures suffisent à indiquer l'orientation. Quant aux événements de la vie privée, qui certes ont une importance *première* dans l'histoire d'un esprit, ils n'auraient d'intérêt que si je racontais ma vie ; ce qui n'est pas mon intention.

CHAPITRE II

L'ÉPREUVE DU CONCILE : TRADITION ET INTÉGRISME

À vue humaine, l'idée de convoquer un concile me paraissait inutile et dangereuse. Inutile, parce que la crise moderniste, qui s'est révélée au grand jour après Vatican I – lequel fut à jamais interrompu en 1870 – n'avait pas – et n'a toujours pas – trouvé sa résolution doctrinale, et que l'utilité majeure d'un concile eût été par impossible d'y apporter une réponse. Dangereuse, parce que la société moderne était en pleine déroute culturelle, en plein effondrement de ses valeurs et de ses références, et que les évêques et leurs « experts », imbus de l'esprit du siècle, étaient incapables d'y faire face, et d'ailleurs n'y songeaient même pas. Jean XXIII manquait de discernement intellectuel. Rien de plus inquiétant que ces clercs, vieillis dans le sérail, bien protégés dans leurs habitudes traditionnelles, pieux et bons, pourvus même de finesse et d'humour, qu'ils prennent pour de la lucidité, et dotés d'une redoutable inconscience, qu'ils prennent pour de l'audace spirituelle.

Nul ne contestera que l'événement majeur, dans l'histoire du XXème siècle, est l'arrivée au pouvoir du communisme marxiste en Russie et en Chine – et finalement dans le monde entier. Il est tout de même stupéfiant de constater que ce concile, qui s'est voulu essentiellement à l'écoute de son temps, n'en dit pas un mot. Cela donne une juste idée de l'inconscience cléricale, sauf si des raisons que j'ignore ont prévalu, car la plupart des Pères conciliaires étaient persuadés d'avoir été des modèles d'ouverture au monde ! L'idée *d'aggiornamento,* chère à Jean XXIII et à bien d'autres, me paraît l'une des plus funestes illusions de l'Église au XXème siècle. Non qu'il ne soit nécessaire de procéder périodiquement aux aménagements qu'impose le changement des temps, mais parce qu'une « mise à jour » ne saurait constituer une fin en soi, un mot d'ordre pour une communauté religieuse. S. Paul nous en a solennellement avertis : « Ne vous conformez pas au siècle présent, mais transformez-vous dans le renouvellement de votre intelligence » (Rom., XII, 3). Sinon, on s'abandonne à ce pseudo-prophétisme dont la période post-conciliaire nous a offert le triste spectacle : on entrait dans une nouvelle Pentecôte, s'annonçait une ère de paix et d'abondance pour la foi chrétienne, l'Église renonçait au glaive du combat contre une modernité enfin réconciliée. Les paroles de Jérémie étaient alors singulièrement oubliées : « "les prophètes disent : vous ne verrez pas le glaive et vous n'aurez pas la famine ; je vous donnerai un bonheur durable en ce lieu". Et le Seigneur me dit : "c'est le mensonge que ces prophètes prophétisent en mon nom [...], vaines prédictions, tromperie de leur propre cœur : voilà ce qu'ils prophétisent [...]. Et tu leur diras cette parole : mes yeux se fondent en larmes jour et nuit sans s'arrêter ; car la vierge, la fille, mon peuple, est frappée d'un grand désastre, d'une plaie tout à fait incurable" » (14-17). Le concile ne sera sauvé – car il faudra bien aussi le sauver – que par le retour à la Tradition toujours renouvelante et toujours vivifiante de la Vérité. Nous n'avons pas à inventer un nouveau christianisme ; c'est nous qui devons nous laisser inventer et transformer par l'immuable vérité de la foi, sous la grâce de l'Esprit. Il me semble que ce fut le sens de l'œuvre – à certains égards titanesque – entreprise par Jean-Paul II et le cardinal Ratzinger.

Certains observateurs ont eu le sentiment qu'à Vatican II les Pères conciliaires se sont donné pour tâche d'effacer le « honteux » souvenir du *Syllabus* de la mémoire de l'Église, afin de rendre l'institution ecclésiale plus présentable. Il est d'ailleurs curieux d'observer que le concile Vatican II s'est déroulé presque exactement cent ans après la période de rédaction et de proclamation du *Syllabus* (1860-1864). Cette opposition apparaît clairement si l'on compare la dernière proposition du *Syllabus* – qui écarte tout devoir de réconciliation entre le pape et le monde moderne – au mot d'ordre de l'*aggiornamento* qui veut ouvrir l'Église au monde – *cf.* les déclarations assez affligeantes de *Gaudium et Spes*. Cette vue, cependant, demeure superficielle. Le *Syllabus* est certes un catalogue d'erreurs à rejeter. Néanmoins, de l'avis de bons spécialistes, il n'est pas assorti de la note théologique d'*infaillibilité*, et l'autorité compétente ne s'est jamais prononcée à ce sujet. Et, selon moi, c'est heureux, parce que ce texte traite, non pas uniquement, mais principalement, des rapports de l'Église et de l'État, et plus particulièrement encore des rapports entre le Saint-Siège et l'État italien, alors en pleine phase de formation. On peut estimer que l'unification politique de l'Italie fut une erreur qui aboutit au fascisme mussolinien. Mais on doit bien en tenir compte. Ainsi nombre des erreurs condamnées par le *Syllabus* réfèrent à des situations aujourd'hui disparues.

L'opposition n'est donc pas tellement entre telle proposition condamnée par le *Syllabus* et telle déclaration du concile. Une confrontation précise est utile, mais souvent très difficile à cause de la différence des temps, et donc parfois de peu de signification. Mais il y a une grande différence de ton entre l'Église de Pie IX et celle de Paul VI. L'une parle en Mère et en Maîtresse de la société humaine, avec son propre langage et ses propres normes, l'autre s'efforce de parler le langage du monde moderne, abdique, au moins *de facto*, sa prééminence, et ne perd jamais l'occasion d'exprimer son admiration pour la culture et la société de notre temps.

Certains s'en réjouissent. L'Église de Pie IX leur fait horreur. D'autres s'en indignent et dénoncent, dans la dérive conciliaire, une hérésie, ou un ensemble d'hérésies, doctrinalement constituées. Aux premiers, je répondrai qu'ils sont à la fois ignorants et vaniteux : ignorants de l'histoire réelle de l'Église et de l'Europe au XIXème siècle ; vaniteux parce qu'ils recherchent l'approbation d'un monde athée, jouisseur, frivole, grossier, dont le *seul* maître est Mammon, alors que le meilleur service que l'Église puisse rendre aux hommes, en tout cas le premier, c'est de leur dire la vérité. Ce courage de la vérité a déserté les cœurs épiscopaux : dénoncer le racisme, gémir sur le chômage, chanter les droits de l'homme et du citoyen, voilà, selon eux, le comble de la bravoure ; heurter de front une civilisation anti-chrétienne, excommunier des ministres et des députés avorteurs, lutter contre la pornographie médiatique, tout cela demande réflexion et prudence afin de ne pas empiéter sur le terrain de la légalité.

Aux seconds, je dirai qu'il ne suffit pas d'avoir raison pour se faire entendre. Les « modernistes » pieux qui composent la majorité du peuple catholique ne comprennent plus ce langage : orthodoxie, hérésie, qu'est-ce cela ? diront-ils. Le pape Paul VI, qui proclame le « culte de l'homme », est le même que celui qui proclame, avec la plus entière sincérité, l'impeccable *Credo* de 1968. D'autre part, est-il même possible de définir avec précision, de formuler en un langage théologique clairement révélateur, ce qui constituerait les hérésies proprement dites que le concile est supposé avoir énoncées ? J'en doute. Même les textes consacrés à la liberté religieuse ne peuvent être canoniquement notés d'hérésie. Certes, il ne peut pas y avoir de droit à l'erreur. La vraie liberté, c'est la liberté du vrai, ainsi que l'enseigne le Christ en S. Jean, aussi bien que la droite raison : l'erreur n'est pas un droit, c'est un fait. Toutefois, il ne saurait y avoir de liberté du vrai et de la libération dans la vérité, que si le choix du vrai est l'œuvre d'une volonté libre. Et une volonté libre est une volonté qui peut dire non, et qui ne se soumet au vrai qu'en toute autonomie. Même le renoncement à la volonté propre est encore un acte de la volonté libre. Certes, l'acte du vrai – « faire la vérité », dit l'Évangile – libère seul la volonté, ou réalise vraiment sa liberté. Mais cette réalisation de la liberté positive présuppose l'indétermination de la liberté « négative ». Métaphysiquement, cette liberté négative résulte simplement de la différence ontologique de notre essence et de notre existence : nous ne sommes pas – existence – ce que nous sommes – essence –, et nous avons à le devenir. L'inadéquation de l'essence et de l'existence est la condition même de la créature : notre vie, nos actes, et même nos actes de foi, ne découlent pas de notre essence comme un théorème découle de l'essence du triangle. La distance – ontologique – de l'existence à l'essence constitue proprement notre liberté – négative. Mais cette liberté n'est que l'ombre portée, ou encore la capacité vide, de la liberté véritable par laquelle nous voulons ce que nous sommes, et tendons à coïncider avec notre essence : à l'instant de cette coïncidence, cette essence cessera d'être notre destin et notre contrainte, passivement subis, elle deviendra notre acte même et la libération de toutes les puissances de notre être.

La non-coïncidence de l'essence et de l'existence est constitutive de l'être créé : elle est de nature ontologique. Mais elle peut être psychologiquement annulée, ou sans efficacité de vie. Tous les régimes totalitaires se proposent de réduire cet écart ontologique et d'identifier les sujets existants à des essences abstraitement définies : *le* communiste, ou *le* nazi, ou *le* consommateur. Alors, la question se pose : serait-il hérétique d'affirmer, contre cette situation de fait, le *droit* qu'a tout homme, en tant que personne – et la personne s'accomplit précisément dans l'appropriation active de l'essence par l'existence –, le droit qu'a tout homme, disais-je, de chercher librement la vérité ?

Il reste, et j'en suis bien conscient, qu'il n'y a pas d'autre moyen de réveiller le sens de l'orthodoxie doctrinale que d'en parler le langage, même aux oreilles qui ne l'entendent plus. Mais je suis aussi persuadé que l'« hérésie » conciliaire, qui est en fait l'hérésie de l'Église au XXème siècle, est d'abord de nature *philosophique* plutôt que théologique. Étant entendu, et je tiens expressément à le souligner, qu'il y a aussi dans les Actes du concile de grands enseignements dans la vérité de la Tradition chrétienne.

Reste que ce concile s'est défini lui-même comme un concile pastoral[6], bien qu'il comporte deux Constitutions qui se disent expressément « dogmatiques », dont la première, la « Constitution dogmatique sur l'Église » (*Lumen gentium*, 21 novembre 1964) comporte précisément, *in fine*, des *Notifications*, dans lesquelles cette même constitution dogmatique reçoit la « note théologique » de « pastorale », en sorte que ne devront « être tenus par l'Église que les seuls points concernant la foi et les mœurs que le concile aura

---

[6] *Finis pastoralis praesentis Concili, Notificationes, Concile œcuménique Vatican II*, Cerf, p. 117.

clairement déclarés tels ». Tout Vatican II est dans cette étrange incertitude, voire dans cette contradiction.

À l'observateur extérieur, qui regarde les choses de loin, il semble que ce concile n'était pas *sûr de soi*, sûr de son bon droit, de sa légitimité et de son accord avec la Volonté divine. Humainement, la raison en est évidente : les divers courants théologiques qui s'exprimaient dans l'*aula* conciliaire étaient trop divergents pour pouvoir s'accorder sur un texte clair : la minorité traditionnelle ne pouvait imposer son point de vue, et la majorité « progressiste », du moins son courant directeur, ne pouvait aller jusqu'au bout de ses intentions, sauf à provoquer une rupture et un scandale dont les effets pouvaient, en fin de compte, se retourner contre elle. D'où cette succession de déclarations contradictoires, cette alternance de textes traditionnels, qui rappellent avec bonheur la vraie doctrine, et de textes obliques, vagues, de sens incertain, pierres d'attente pour de futures évolutions, chacun des deux courants pensant s'être ainsi prémuni contre les interprétations déviantes de l'autre. Il semble même que l'Autorité pontificale soit intervenue directement afin de désamorcer quelques-unes des bombes que les progressistes avaient disposées çà et là : ainsi de la *Nota prævia* qui soumet le pouvoir collégial des évêques sur l'Église à la condition restrictive de leur accord avec le chef de l'Église. Et c'est sans doute aussi le cas de la notification du « présent concile » comme « pastoral ». Si bien que cette qualification, si elle autorise les interprétations erronées, sauvegarde aussi la possibilité d'une interprétation orthodoxe, et, plus encore, le droit pour les catholiques, de s'en tenir à la *dogmatique* des conciles antérieurs.

L'un des exemples les plus flagrants de l'ambiguïté et de la mollesse de beaucoup de déclarations conciliaires nous est offert par les textes sur la liturgie (36, 1-2) : « L'usage de la langue latine [...] sera conservé » ; ce qui d'ailleurs est une traduction affaiblie. Le texte latin porte le subjonctif passif et doit être traduit par : « *que soit conservé* l'usage de la langue latine ». Voilà pour la Tradition. « Toutefois, continue le texte [...] l'emploi de la langue du pays peut être très utile [...] » ; voilà pour les progressistes, qui ont partout remplacé la règle par l'exception. Et je ne parle pas des dispositions conciliaires qui ont *entièrement* disparu de toute célébration liturgique, par exemple : « Que soit conservé aussi en son temps un silence sacré ».

Il apparaît bien que le concile fut, à certains égards, un instrument, un prétexte, entre les mains de ceux qui s'en sont emparés, par une manœuvre « illégale », le 13 octobre 1962. Au moment de voter pour élire les membres des commissions conciliaires – dont les noms étaient proposés aux Pères et qui avaient travaillé pendant deux ans à la préparation des schémas –, le cardinal Liénart s'est levé – sous la motion de l'Esprit Saint ? – à l'encontre de ce que prévoyait le règlement et a proposé de surseoir à cette élection, prétextant que les électeurs ne connaissaient pas les candidats. Tout le travail préparatoire, d'orientation très traditionnelle, fut ainsi renvoyé aux oubliettes.

C'est dans cette perspective que je voudrais dire un mot de l'œuvre de Mgr Lefebvre, pour autant qu'il me revient d'en parler et sans tenir compte de l'hostilité, sinon de la haine, que certains membres de la Fraternité S. Pie X ont manifestée à mon égard et à l'égard de mes livres. *A priori*, on ne peut douter de la pureté des intentions de son éloignement de la Rome conciliaire : préserver la Tradition de l'Église, celle du sacrifice de la messe et de ses rites, et de la doctrine du sacerdoce, ne peut être condamnable.

Il est certain que l'essence salvatrice de la religion chrétienne est contenue et perpétuée dans l'acte liturgique du sacrifice eucharistique, et dépend donc, quant à sa présence ici-bas, de ceux qui l'accomplissent, les prêtres. La sauvegarde du dépôt divin exige des rites adéquats et des prêtres formés. Pour apprendre ces rites et les transmettre, pour former ces prêtres, aucun autre moyen que des séminaires, et des évêques décidés à les ordonner. Mais, pour soutenir cette exigence, fallait-il aller jusqu'au schisme et courir le risque d'excommunication ? Il me semble qu'on pouvait raisonner ainsi : ou le Magistère romain a le droit de punir d'excommunication ou il ne l'a pas.

S'il ne l'a pas, c'est qu'il n'y a plus de Magistère, et il faut alors adopter la thèse des sedevacantistes ou des semi-sedevacantistes, et déclarer solennellement que le cardinal Wojtyla n'étant point pape, n'a aucun pouvoir de juridiction – ce que Mgr Lefebvre n'a pas fait. S'il en a le droit et si la gravité du crime – au regard de la loi ecclésiastique – le requiert, alors il en a aussi le pouvoir. Mgr Lefebvre aurait dû au moins reconnaître qu'en provoquant contre lui la peine d'excommunication, il avait donné au pape l'occasion de montrer que Rome était encore capable de se comporter en autorité véritable et traditionnelle, et de fulminer des sanctions canoniques.

Là contre, Monseigneur a fait valoir une nécessité de fait : le besoin des fidèles, ce qui signifie qu'il est des circonstances où le fait prime le droit, ou du moins, ou le fait en appelle du droit légal à un droit plus légitime et plus profond : la nécessité fait la loi. Et cela n'est peut-être pas sans rapport avec le droit de la personne à la liberté religieuse, lorsqu'on se trouve devant le fait du totalitarisme, et à condition, bien sûr, que ce droit découle non d'une idéologie « démocratique », mais d'une exigence métaphysique.

Cela dit, Monseigneur était fondé à douter de la volonté réelle du Vatican d'accueillir vraiment la Fraternité S. Pie X dans l'Église. Il est en tout cas certain qu'à Rome, comme en France et sans doute ailleurs, un courant influent avait menacé de faire schisme si Ecône était reconnu par le Saint-Siège. J'en ai lu, pour ma part, des attestations abondantes et explicites, venant de plumes cléricales, dans plusieurs revues. On a là un exemple de l'hypocrisie régnant dans l'Église post-conciliaire. On blâme sévèrement et sans remords la désobéissance lefebvriste, pendant qu'on est soi-même bien décidé à n'en faire qu'à sa tête.

Il était donc presque inévitable que les sacres d'évêques aient lieu et que Rome condamne. Mais en se mettant délibérément en dehors de l'Église, au moins à certains égards, la Fraternité S. Pie X ne renonçait-elle pas à la mission restauratrice qui devait être la sienne, et ne reconnaissait-elle pas le modernisme post-conciliaire comme un fait acquis ? Telle est la question qu'on peut se poser. Quoiqu'il en soit, en faisant schisme, l'« Église lefebvriste » se condamnait au littéralisme scripturaire et théologique, à un néo-thomisme de béton, à un inquisitorialisme obsessionnel, rejoignant ainsi le courant qu'on appelle « intégriste ».

En fait, ce courant intégriste n'a pas émergé en 1965 pour s'opposer aux bouleversements conciliaires. Il est apparu à la fin du XIXème siècle ou au début du XXème, pour cristalliser la lutte anti-moderniste. Ce n'est donc pas le concile qui a rendu nécessaire sa constitution. Cela dit, il est incontestable qu'un certain modernisme, diffus ou déclaré, a triomphé à Vatican II, moins positivement que négativement d'ailleurs, c'est-à-dire en parvenant à *neutraliser* le système de défense anti-moderniste mis au point par des commissions préparatoires, et en s'efforçant d'éliminer des textes tout ce qui pourrait gêner son développement ultérieur.

Comment ce triomphe fut-il possible ? Lesdits « intégristes » raisonnent souvent comme si l'Église, en 1962, eût été en parfaite santé doctrinale, en grande unanimité théologique – mis à part quelques incorrigibles originaux, non dépourvus d'une vitalité de bon aloi, et qui supportaient assez bien les condamnations. Telle était, à bien des égards, la vision qu'avait Jean XXIII de l'Église. Or, cette vision est *entièrement fausse*. Le modernisme, étouffé en surface, se développait en profondeur, comme un feu de tourbière qui court sous le manteau frais de la mousse et des herbes. On voyait en saint Pie X, Pie XI, Pie XII, autant de papes inébranlables, défenseurs de la foi, capitaines intransigeants. Force est de constater que cette stratégie disciplinaire, ces condamnations éclatantes, cette unanimité formelle dans l'orthodoxie, ont presque complètement *échoué*. Le modernisme flambait comme un cancer généralisé au moment où le combat « intégriste », magistériellement victorieux, paraissait devenu sans objet.

À qui la faute ? Aux papes ? Aux théologiens ? Aux pasteurs ? Et pourquoi pas aussi aux « intégristes », du moins à beaucoup d'entre eux ? Et la raison en est simple, c'est qu'ils ont su se rendre souvent odieux, moins à leurs adversaires, qu'à la masse des prêtres et des évêques de bonne volonté, désireux de vaquer en paix à leur tâche pastorale, fidèles à la Tradition, inexperts aux luttes ou aux débats de doctrine, mais, par-dessus tout, réfractaires au terrorisme plus ou moins sectaire que faisaient régner, ou que s'efforçaient de faire régner, de bons défenseurs de la foi : la fin ne justifie jamais les moyens. Ces bons défenseurs – et je ne parle évidemment pas de saint Pie X ou de Pie XII, qui n'étaient nullement des « intégristes » – ont réussi à susciter, dans la masse du clergé, un réflexe *incoercible* de rejet de toutes les bastilles théologiques ou liturgiques dont ils se déclaraient les gardiens attitrés. Il y a là un véritable drame. Et ce réflexe a joué à plein. La masse cléricale préférait écouter les sirènes sympathiques du progressisme bon enfant plutôt que de trembler sous la férule des maîtres de la Sapinière ou de leurs continuateurs.

En dehors de quelques personnalités éminentes – je pense, entre autres, au Père de la Taille –, quel effort réel accomplissaient les professeurs de séminaires pour comprendre en profondeur la théologie qu'ils devaient enseigner ? Toute une partie de l'Église enseignante et dirigeante n'agissait qu'en fonction de la crainte des hérésies ou des déviations. On ne cherchait pas le vrai, on cherchait à se prémunir contre les *possibilités* d'erreur. Le vrai est toujours un risque, et ne se donne qu'à celui qui se livre à lui, sans arme, de toute son âme, et sans assurance extérieure. Les précautions critiques sont utiles et nécessaires ; mais il vient toujours un moment où il faut sortir la vérité du coffre-fort où les scribes la tiennent enfermée, et l'exposer au pur regard de l'intelligence. Il faut que Lazare sorte du tombeau et que se dénouent les bandelettes qui entouraient son corps.

Je redoute qu'aujourd'hui encore Écône n'ait pas toujours su éviter cette erreur. Car c'est une pente naturelle de l'âme humaine, et il n'est pas facile de s'en préserver. On le voit bien maintenant avec *la dictature moderniste* dans l'Église, celle qui, à son tour, fait régner une sorte de terreur, chaque fois qu'elle le peut, qui méprise et pourchasse les chrétiens de tradition, et qui nous rebat les oreilles de la plus sinistre langue de bois qu'on ait jamais entendue dans l'Église. Sans oublier, toutefois, que tout parallèle entre la langue de bois du néo-thomisme et celle du néo-modernisme serait incongru, pour la raison décisive que la première exprime purement et simplement la vérité, alors que la seconde n'enseigne, pâteusement, que l'erreur.

C'est ce que firent bien voir les réactions à la réunion d'Assise en 1968 qui semblait donner raison aux thèses de Guénon et de Schuon sur l'unité des religions, alors que les guénoniens ne voyaient dans cette réunion qu'une caricature de cette unité.

La réunion d'Assise répond à deux raisons majeures :

1. – L'urgence de la situation politique mondiale et des menaces apocalyptiques qui pèsent sur l'humanité.

2. – Le *fait* – nouveau – qu'il est désormais impossible de considérer aujourd'hui les religions non chrétiennes comme de pures et simples manifestations diaboliques.

Il y a rencontre de fait des religions, contre laquelle les anathèmes ne peuvent rien : l'hindouisme, le bouddhisme, l'islam, sont chez nous, devant nous. C'est ainsi. Et ils parlent de Dieu, ou du divin, ou de l'Invisible, ou de l'Un. En face de toutes ces religions, il y a un autre fait, entièrement nouveau, *qui apparaît pour la première fois dans l'histoire de l'humanité*, la constitution d'une pseudo-civilisation entièrement athée étendue au monde entier. Voilà la vérité effroyable de notre situation, et cette situation est l'œuvre de la « civilisation occidentale », qui a poussé, en parasite destructeur, sur l'Arbre chrétien. Ce fait redoutable ne doit jamais être perdu de vue.

On peut estimer que cette initiative de Jean-Paul II s'inscrit dans la ligne de la déclaration conciliaire sur la liberté religieuse et des « droits de l'homme », expression dont le pape a beaucoup usé. Elle est certes employée aujourd'hui à tout va. Cependant, il faut bien reconnaître qu'au regard de la dictature soviétique que saint Jean-Paul II a connue directement, et des millions de morts qu'elle a causés, la signification de ce syntagme a quelque justification, pour le moins. Quant à la déclaration conciliaire sur la liberté religieuse quelques remarques de nature plutôt philosophique me paraissent nécessaires. La liberté, mot qui désigne la capacité de la volonté à s'autodéterminer, est un fait plutôt qu'un droit. De ce point de vue, il n'y a pas de sens à proclamer un droit à la liberté religieuse. La conscience humaine est, par nature, libre de son adhésion religieuse, et aucune contrainte physique n'est en mesure de l'empêcher *avec certitude*. D'autre part, la liberté véritable est choix du bien. Tout autre choix détruit la liberté, alors que faire librement la vérité délivre réellement, et accomplit la liberté. Reconnaître un droit à l'erreur est donc contradictoire et destructeur de tout droit. Cela est vrai en principe, et en rigueur de termes. Mais il est vrai aussi qu'une adhésion de foi obtenue par contrainte, si cela est possible, n'a aucune valeur et condamne ceux qui l'imposent. Tout l'Évangile le proclame. Par conséquent, il est non moins vrai, en rigueur de termes, qu'on ne peut que reconnaître, implicitement ou explicitement, le droit qu'à tout homme de se donner librement à Dieu.

Le problème se complique si l'on passe de la considération des principes à celle de leurs applications. Reconnaître ce droit subjectif de toute conscience à la liberté de son adhésion de foi – liberté sans laquelle il n'y a ni adhésion ni foi –, c'est vouloir aussi qu'existent les conditions objectives et concrètes de sa possibilité, donc que la loi civile ou le régime politique le reconnaissent explicitement. Va-t-on alors accepter que l'erreur ait les mêmes droits que la vérité ?

Il faut d'ailleurs observer combien est ambiguë la question posée. Car, de toute manière, l'Église ne parle ici qu'en son nom et ne peut énoncer qu'une reconnaissance toute théorique : elle n'a aucun moyen pratique de s'opposer à la liberté des cultes ou, au contraire, de la rendre possible. C'est pourquoi les adversaires de *Dignitatis Humanae* jugent que l'Église n'a même pas le pouvoir de reconnaître un tel droit. En fonction de sa propre nature, elle ne peut reconnaître que le droit de la liberté du culte catholique. Pour les autres religions, l'Église, définissant les lois de son domaine, ne peut parler que de « tolérance ».

Eût-il été préférable, en rigueur de termes, de s'en tenir à cette tolérance ? Mais le concile ne parle pas en rigueur de termes et vise sans doute des situations historiquement concrètes. Par exemple : *puis-je, en tant que catholique*, approuver un Pouvoir civil qui interdirait formellement la liberté de tel culte non catholique, et qui, par conséquent, punirait les contrevenants ? Autrement dit : est-il catholique d'approuver Louis XIV révoquant l'Édit de Nantes, et donc était-il anticatholique d'approuver Henri IV l'octroyant aux protestants ? Je signalerai que très logiquement, le professeur Bluche, protestant, justifie Louis XIV de la révocation, au nom du principe protestant, et même luthérien : *cujus regio ejus religio*. Louis XIV étant prince catholique, ses sujets ne peuvent être que catholiques. Et c'est le gallican Bossuet qui célèbre la gloire du révocateur et qui rejette l'infaillibilité pontificale, alors que le pape Clément VIII n'a pas excommunié Henri IV d'avoir rendu aux protestants la liberté de culte, bien qu'il eût d'abord réagi très vivement.

Sans doute, me dira-t-on, mais il s'agit précisément d'un édit de *tolérance*. À quoi je répondrai qu'il est malaisé, du moins pour moi, de distinguer le droit à la tolérance et le droit à la liberté religieuse. D'autant que le concile affirme explicitement le devoir pour tout homme de chercher la vérité et l'obligation de s'y conformer quand on l'a trouvée. Certains se sont demandé s'il y avait dans l'histoire de l'Église des précédents en faveur de la liberté religieuse. Mais je crois que l'existence d'un précédent n'est pas requise – encore que je ne la nie pas – pour juger de la légitimité catholique de ce principe, pourvu qu'on puisse démontrer sa continuité avec d'autres principes de l'Église. Les situations étaient autrefois, particulièrement dans l'Antiquité et au Moyen Age, si différentes que la question de la liberté religieuse se posait rarement en tant que telle. Je rappellerai cependant que Ferdinand III se proclamait « l'empereur des trois religions, catholique, juive et musulmane », au début du XIIIème siècle, et qu'il n'en fut pas moins canonisé par le pape Clément X en 1670.

Mais il n'y a pas eu seulement le schisme intégriste de la Fraternité S. Pie X. Il y eut aussi le ralliement des minorités « traditionalistes » et de la fraction la plus fidèlement catholique des membres de la fraternité S. Pie X qui ont refusé de suivre Mgr Lefebvre dans son schisme. Comment ces « ralliés » ont-ils été accueillis dans l'Église romaine et en particulier par le clergé français ? Je dirai qu'ils ont été acceptés « du bout des lèvres » et le plus souvent totalement ignorés ou toujours suspects. Encore faudrait-il distinguer s'il s'agit du pape Jean-Paul II ou, *a fortiori*, du cardinal Ratzinger, ou de quelques autres, on constate, de la part de ces hautes autorités, de l'estime et sans doute même de l'amitié pour les « traditionalistes ralliés ». Mais s'il s'agit de l'Église post-conciliaire en général, envisagée dans ce qui constitue son discours ordinaire, alors il faut bien avouer que les termes de « minorité négligeable » définissent assez exactement leur situation. Les clercs, évêques ou prêtres, qui forment la majorité de notre Église semblent n'obéir qu'à deux principes : d'une part, ne jamais paraître en désaccord avec le pape, même si, en privé, on le désapprouve, d'autre part, manifester publiquement une adhésion pleine et entière à l'humanisme démocratique et fraternitaire qui constitue le fond idéologique de notre civilisation. Tant ils ont perdu le sens de l'honneur intellectuel de l'Église, qu'ils ne conçoivent rien de plus élevé qu'un tel « humanisme », qui est pourtant le dernier degré du ramollissement doctrinal, avant la liquéfaction totale. Or, au nom de ces deux principes, ils font régner dans l'Église ce qu'on peut appeler le « terrorisme mou ». Devant ce terrorisme, les traditionalistes ne peuvent rien. Trente ans après le concile, ils doivent constamment réitérer la preuve qu'ils sont « d'Église », qu'ils pensent et agissent « en Église », sous peine d'être accusés d'intégrisme et de schisme, ou d'être dénoncés comme fascistes. Que faire contre des gens qui se considèrent, de bonne foi, comme des héros de la liberté, des incorruptibles de la conscience démocratique, des parangons de l'indépendance d'esprit ; alors que jamais clergé n'a été plus docilement, plus servilement, plus inconsciemment soumis à la puissance politique du moment ? Qu'on relise ce que Bossuet, et plus encore Fénelon, osaient dire, dans leurs sermons, aux princes qui les gouvernaient, et cela, sous une monarchie qu'on qualifie d'absolue : il n'y a pas aujourd'hui un évêque au monde qui oserait en dire le dixième à son président ou à ses ministres. Mais ces gens n'ont généralement le courage de l'autorité qu'à l'égard des « vaincus du concile », assurés qu'ils sont de l'immense soutien, de l'immense *connivence*, de la société civile tout entière. Au fond d'eux-mêmes, j'en suis persuadé, ce clergé « bien-pensant », n'attend qu'une chose : la disparition physique des traditionalistes, minorité négligeable et sans le moindre avenir. Évidemment, ils se trompent. Ce sont eux qui sont, en fait, en voie de disparition : peut-être commencent-ils à s'en apercevoir. Mais comprendront-ils jamais qu'ils ont organisé eux-mêmes leur propre destruction ?

L'enjeu majeur du débat entre traditionalistes a été et demeure la réforme liturgique, l'existence ou la coexistence de deux rites, extraordinaire et ordinaire. Je n'en dirai rien, me référant pour juger du nouveau rite aux travaux de Louis Bouyer ou aux écrits et déclarations sur la liturgie du cardinal Ratzinger, futur Benoît XVI, dont la science est hors de conteste. Je me contenterai de dire que, et c'est le point dirimant, il est impossible de mettre en doute la validité du nouveau rite, quelles que soient par ailleurs les insuffisances éventuelles de la mise en œuvre.

Je terminerai par quelques réflexions sur la notion de tradition car c'est à elle que l'on pourrait ramener tous les motifs des débats qu'a suscités le concile. La Tradition est la garde et la transmission, à travers le temps, du dépôt révélé par lequel l'humanité est rattachée à Dieu, et dans lequel, par conséquent, elle puise le secret de la vie. La Tradition, c'est la vie, et la vie, même au sens le plus biologique, est traditionnelle : on peut dire ainsi que tous les chênes s'emploient à maintenir la tradition « chêne » ; et consacrant toute leur activité à cette maintenance, ils parviennent ainsi à exister. Chaque individu chêne pourrait avoir l'impression – s'il pensait – qu'il est entièrement sacrifié au profit de l'espèce chêne ; mais, s'il réfléchit un peu plus, il découvre que ce sacrifice à la forme chêne est la condition même du miracle de son existence individuelle. Ainsi de l'homme et de la religion : si nous gardons la religion, la religion nous garde.

Dans l'Église, on distingue la tradition au sens actif : la transmission du dépôt ; et la tradition au sens passif : le dépôt transmis. On entend plus spécialement par Tradition la transmission orale de la doctrine du Christ, que Lui-même a enseignée aux Apôtres. De cette Tradition, l'Écriture n'a fixé qu'une partie. Elle est donc seconde par rapport à la Tradition, et lacunaire : beaucoup de rites sacramentels ou sacramentaux ont une origine purement orale, ainsi que l'atteste, par exemple, S. Basile de Césarée : la liturgie du canon de la messe, le signe de croix, etc. Et c'est vrai aussi de la doctrine : le Symbole de foi, jusqu'à la fin du IVème siècle, ne se transmet que de bouche à oreille et il est même interdit de le mettre par écrit.

Il faudrait maintenant distinguer un troisième sens, qu'on pourrait appeler le *principe de Tradition*, ou encore la *Tradition comme principe*. Ce sens est exigé par l'existence même de la modernité qui est fondée sur le principe de révolution. Autrement dit, c'est parce que la modernité, en tant que telle, se propose en tout domaine de couper les racines qui rattachent l'homme à son passé, qu'il apparaît qu'en effet le monde ancien était fondé sur le principe de Tradition. Tant que ce principe se maintient, il passe inaperçu, parce qu'il s'identifie à la vie même de la société à travers le temps ; il *est* la société humaine dans sa permanence temporelle. Être, humainement, c'est être fils ou fille. Nous existons « en fils ou fille » aussi naturellement qu'en mammifères bipèdes. Et *être* fils ou fille, c'est avoir un père. Tout ce qui nous engendre – le père humain, mais aussi les ancêtres, la famille, la race, la culture, la religion, le passé proche et lointain – participe, à des degrés divers, du sacré. Le principe de révolution, au contraire, décrète le meurtre universel du père. Il impose, à chaque être, d'actualiser en lui la conscience vive de sa radicale nouveauté, de son extranéité – « étrangeté » au sens neutre – par rapport au moment qui l'a engendré. Chaque génération est radicalement étrangère à celles qui l'ont précédée. La naissance de la conscience historique comme idéologie culturelle fait éclater le temps humain en une série de moments discontinus, et instaure chaque présent dans une irrémédiable solitude, comme un îlot perdu au milieu d'un océan temporel. Chaque homme et chaque génération sont désormais condamnés à s'affirmer eux-mêmes, contre tous les temps et tous les pères, d'inventer leur propre manière de vivre, de sentir, d'aimer et de penser. Chaque homme et chaque génération sont dotés d'un devoir de révolution, d'une obligation – à vrai dire insoutenable – d'avoir à recommencer le monde et l'humanité. Ce principe de révolution pèse sur nous, les modernes, comme le plus effroyable des destins. C'est en réalité une tâche inhumaine et qui va au rebours de notre nature la plus profonde. C'est l'enfer sur terre et nous y sommes soumis. Nous portons le poids écrasant d'une responsabilité démesurée, proprement inassumable, puisqu'elle équivaut en fait à notre autodestruction, mais dont on nous a persuadés qu'elle seule pourrait nous rendre *dignes de notre modernité*. C'est pourquoi les hommes, nos frères ou sœurs, ont ce regard perdu, ce cœur désemparé. Ils sont perdus en effet dans le désert du temps. Arbres déracinés du passé géniteur, fils de personne, sans nom et sans patrie, ils attendent du fuyant avenir une identité inaccessible.

Ce principe de révolution a pénétré dans l'Église avec l'« esprit conciliaire » : les chrétiens doivent réinventer le christianisme, devenir adultes dans la foi, se libérer des pesanteurs d'hier, s'affranchir d'une religion constantinienne et triomphaliste, mépriser la foi de leurs pères, rejeter latin, soutane, fastes liturgiques, croyances, dogmatisme, morale, miracles, et se porter eux-mêmes au-dessus du temps, s'engendrer eux-mêmes à la foi et se rendre dignes de l'espoir du monde. Je le dis clairement : cette « révolution d'octobre », ce principe de révolution est intrinsèquement diabolique. Car le Christ a dit : « si vous ne *redevenez* semblables à un petit enfant, vous n'entrerez pas dans le Royaume des cieux ».

En réalité, c'est la révolution qui fige la Tradition et suscite le traditionalisme. Elle fige la Tradition aussi sûrement qu'un meurtre fait d'un corps vivant un cadavre immobile. Il ne peut pas y avoir de changement, s'il n'y a pas de permanence et de continuité. La Tradition n'est pas l'obstacle aux nécessaires évolutions : elle en est l'unique condition de possibilité. Un chêne ne s'adapte aux diverses circonstances de sa croissance que s'il peut continuer à être chêne, à réaliser son essence de chêne : sinon, il meurt et cesse d'évoluer. C'est aussi simple et aussi tranché que cela : ou vivre, et persévérer dans son être à travers les changements, ou mourir. Évidemment, la continuité de l'Église vivante n'est pas biologique, mais spirituelle, ce qui implique qu'elle est libre et volontaire, et non organiquement assurée. Il faut vouloir la Tradition, et donc la connaître et en avoir le sens. Ce n'est pas la Tradition qui nous garde, c'est nous qui gardons la Tradition – et alors elle nous garde. Cette garde est la chose la plus difficile du monde, car il faut être fidèle à l'essence et non aux accidents formels. Les conciliaires modérés répondront que la réforme liturgique est profondément traditionnelle et que nous nous crispons sur de l'accidentel. Il n'est pas aisé de répondre à cette objection, sinon que l'arbre sera jugé à ses fruits. On voit que le « sens de la Tradition » relève directement du Saint-Esprit.

C'est le Saint-Esprit qui unit mystérieusement l'essence à la forme, de telle sorte que la forme garde l'essence et en communique la vertu. C'est le secret de tout art sacré, et l'Esprit-Saint est l'Artiste suprême. Telle forme langagière, gestuelle, iconique, vocale, architecturale, etc., garde et communique l'essence, telle autre la disperse et la tue. Se pose alors la question : les formes du rite ordinaire sont-elles de nature à favoriser le sens du mystère eucharistique ? Je tenterai de répondre en évoquant ma propre expérience dans le chapitre suivant, *Une Éducation Liturgique*. Pour ce qui est du concile en général, j'adhère à ce qu'a dit Benoît XVI : il convient de l'interpréter selon une herméneutique de la continuité, non de la rupture.

CHAPITRE III

UNE ÉDUCATION LITURGIQUE

Lorsque j'étais enfant, je croyais qu'au moment de l'élévation, l'hostie que le prêtre nous montrait au-dessus de sa tête, disparaissait au Ciel. Cela ne me semblait pas contraire au fait de recevoir ensuite le Corps du Christ à la communion – on pouvait alors, à cinq ou six ans, faire sa « communion privée ». La messe était pour moi quelque chose de mystérieux, que cependant les cours de catéchisme de la pension religieuse où j'étais élève dans les années 1935-1936, nous apprenaient à mieux connaître. Je compris, peu après, que cette messe se disait en Latin. Me ravissait le chant du Credo que chantait toute l'assistance, m'étonnant fort que ma mère, qui n'avait pas son « certificat d'études », fût capable d'un tel exploit. Puis j'appris à servir et à « répondre la messe » dans l'église de ma paroisse. À onze heures, le dimanche matin, sa vaste nef était pleine de monde et les allées latérales remplies de fidèles debout, tandis qu'au maître-autel le célébrant accomplissait les gestes rituels, assez loin de nous.

L'événement majeur qui se détache dans mon souvenir, ce fut le Directoire que publièrent les Évêques de France vers 1947, où furent précisés les attitudes et les gestes des fidèles en vue d'une participation vraiment liturgique. Il s'est agi, pour le jeune homme que j'étais, d'une véritable naissance à la ritualité liturgique *en tant que telle*. J'avais conscience que l'Église nous faisait pénétrer dans la grande et immémoriale tradition de la célébration eucharistique, qu'elle nous y intégrait pour qu'à notre tour nous venions y prendre place. Merveilleuse découverte que favorisait et prolongeait l'usage d'un missel « vespéral et quotidien », Dom Lefebvre, ou, pour moi, Dom Gérard. Il me fallait le plus gros, le plus complet, celui qui m'accompagnerait toute ma vie et qui répondrait à toutes mes demandes, à toutes mes interrogations, celui que je porterais avec moi, dans la cité ou dans les champs, dans l'étude ou dans les voyages, et que je pourrais ouvrir, même en dehors de l'assistance à la messe ou aux offices, chaque fois que l'âme a besoin de se tourner vers Dieu et de Lui parler. Et il en fut ainsi. Comment oublier les heures à feuilleter ses pages nombreuses, inépuisables, à m'enfoncer dans l'océan de la prière de l'Église, à en recevoir chaque fois la surprenante initiation. Car la rencontre avec les formes antiques de cette liturgie m'offrait, presque toujours, des étrangetés, des manières de dire et de faire auxquelles je n'aurais jamais songé, que j'avais à conquérir et à faire miennes, et qui me révélaient un autre *ethos*, l'âme de mes Pères dans la foi, fraîche encore de la parole apostolique. Certes, je ne comprenais pas tout ; bien des formules, bien des usages résistaient à ma conquête et gardaient leur secret, promesses de révélations futures : j'avais confiance. Que cette liturgie fût d'abord l'affaire des prêtres et de l'Église, dépositaire et gardienne de cette profusion de mystères, loin d'être un obstacle à ma participation « active et fructueuse », au contraire, la suscitait, la provoquait. J'eusse été déçu d'y retrouver le discours attendu de ma prière personnelle que, certes, je ne méprisais pas, tant s'en faut. Mais, précisément, de l'Église j'attendais autre chose. Elle était Mère et Maîtresse, elle m'enseignait à parler à Dieu et à L'adorer, selon le langage sacré du mystère, un langage que j'aurais toujours à apprendre et à conquérir et qui serait toujours mon maître, en avant de moi, chemin vivant vers le Père. J'avais assurément conscience de n'être pas à la hauteur d'un tel appel, et que, pour ce qui était de moi, ma participation restait souvent inactive – quant à sa fructuosité, c'était affaire à Dieu seul. Mais, pour ce qui était de l'offre liturgique de l'Église, des formes – langage et gestes – qu'elle présentait à notre vie de foi, je ne présumais pas qu'il pût y avoir quelque chose de mieux.

Cela, me semble-t-il, doit être dit, après qu'on a développé tant de propos sur le sujet, même de la part d'analystes bienveillants, dans lesquels je ne me reconnais pas, dans lesquels beaucoup de fidèles, qui ont vécu de l'ancien rite, ne se reconnaissent pas et se sentent trahis. Français de 1950, initiés et participants à la messe romaine et latine, étions-nous des privilégiés ? Lors d'un séjour linguistique en Bavière, je fus surpris, le dimanche, à la Frauenkirche de Munich : l'abondante assemblée des fidèles chantait des cantiques en allemand, ignorant la prière du prêtre à l'autel. Un compagnon de route, séminariste bavarois à la veille de son ordination, s'étonnait qu'un laïc sache répondre la messe en latin. Me croyant une exception, « *warum willst du nicht Pfarrer werden ?* » me demanda-t-il : « pourquoi ne veux-tu devenir curé ? ».

Un séjour dans le monastère bénédictin de Ligugé – qui suffit à me persuader, paisiblement, que je n'avais pas *la* vocation – m'avait mis au courant de quelques-unes des questions qui occupaient alors les spécialistes. Je découvris ainsi que la belle ordonnance de la messe tridentine recélait quelques usages problématiques, par exemple la répétition du *Confiteor* avant la communion des fidèles. Bien des années plus tard, la lecture de Dom Casel et celle du P. Louis Bouyer devaient m'ouvrir à une saisie plus profonde de ce qu'était véritablement l'*acte* liturgique et à comprendre que la messe tridentine, telle qu'elle était célébrée, ne correspondait pas toujours à ce qu'elle aurait dû être : la lettre était respectée, mais un autre esprit s'était substitué à celui du mystère liturgique. Tous les éléments pour une célébration réellement sacrale étaient présents, mais le sens du sacré mystérique faisait souvent défaut, tant chez les célébrants qui le remplaçaient pas un formalisme rubriciste, que chez les fidèles qui se contentaient d'observer le « précepte dominical », la liturgie elle-même étant laissée au prêtre.

Lorsqu'apparurent les prémices de ce qui devint la réforme liturgique, je fus frappé par un sentiment d'inquiétude : l'édifice sacré de la messe, ce bel objet de notre prière, qui avait traversé les siècles dans sa permanente jeunesse, devenait « poreux », se lézardait et menaçait de se disloquer. Puis ce fut 1969 et le *Novus Ordo Missae*. L'ancienne messe était abolie, non en droit, il est vrai, mais en fait : quinze cents ans de Tradition liturgique tombaient dans le néant ; quinze siècles de communion avec les chrétiens de tous les âges, nos pères et nos frères dans la foi, s'effaçaient du présent de notre vie : fait unique dans l'histoire de l'Église. À la place d'une ritualité objective de millénaire mémoire, on instituait un nouvel ordre liturgique qui, au nom de la participation, en appelait au vécu subjectif et donc à l'incessante innovation, à la créativité. Or, pour des raisons philosophiques bien assurées, je savais que la révolution n'enseigne que la révolution. Sans doute les révolutionnaires sont-ils persuadés d'obéir aux exigences les moins contestables, aux principes les plus indiscutables, mais ils oublient généralement qu'ils ne peuvent faire valoir ces principes et ces exigences qu'en s'affirmant d'abord eux-mêmes comme leurs champions : on ne s'oppose qu'en *se* posant. Ce qu'ils affirment, c'est d'abord leur propre subjectivité, ce qu'ils érigent, c'est d'abord leur propre nom. Or, l'essence même du liturgique, en tant que tel, est liée à l'immutabilité objective et impersonnelle de ses formes rituelles, immutabilité que les travaux historiques peuvent toujours relativiser, je l'accorde, mais suffisamment manifeste pour que l'usager puisse raisonnablement la tenir pour telle, et lui donner sa confiance.

Si, en effet, la liturgie est médiatrice de notre relation effective avec Dieu, il faut bien qu'elle ne soit pas, fondamentalement, un *produit* de notre sensibilité créatrice. Pas plus que le baron de Münchhausen ne pouvait s'élever de terre en se tirant par les cheveux, pas plus le chrétien, prêtre ou laïc, ne peut s'élever effectivement au-dessus de lui-même et entrer *sacramentellement* en présence de Dieu, à l'aide des seules postulations de son âme croyante, quel que soit son génie. Sans doute faut-il que la médiation liturgique lui parle, mais elle ne l'élève qu'à la condition qu'elle lui parle d'un point fixe, d'origine non-humaine, dont cette parole n'est que l'audible écho. Or, la grande faiblesse du *Novus Ordo*, c'est justement sa nouveauté, partout revendiquée, et dont l'origine est trop attestée. L'antiquité d'un rite efface, dans la nuit des temps, l'éventuelle contingence de son origine. Sa nouveauté au contraire l'accuse, fragilisant le rite lui-même, et invitant par là à produire une nouvelle forme médiatrice dont on présage qu'elle sera encore mieux adaptée à sa fin, moins imparfaite, et ainsi de suite.

Beaucoup de ceux qui ont accueilli le *Novus Ordo* avec soumission ou avec reconnaissance – et c'est la quasi-totalité de l'Église catholique – récuseront ces analyses et les trouveront bien abstraites. Ils soutiendront – et c'est vrai – que le *Novus Ordo* – dont la validité ne peut être mise en cause – est l'œuvre de l'Église, laquelle est indéniablement maîtresse des formes rituelles, et que le droit qu'elle a d'instituer cet *Ordo* découle directement de sa fonction de dépositaire de la volonté du Christ. Cela, on doit l'admettre ; plus encore on ne doit jamais le perdre de vue, surtout si l'on veut remédier, autant que possible, au risque de la nouveauté. Ne bénéficiant pas de l'antiquité grâce à laquelle la ritualité « tridentine » – bien antérieure, en fait, au XVIème siècle – échappe aux circonstances de ses origines ou à la contingence, le rite nouveau porte les marques de sa fabrication et de ses fabricants, les marques d'un siècle érudit, savant en recherches historique, très informé en sciences humaines, très concerté dans ses raisons théologiques, mais pauvre en imprévu « pneumatique », en symboles inattendus, en étonnants mystères. Seulement, voilà : le Magistère s'est prononcé, ce rite est désormais le rite imposé de la messe catholique.

Aussi, me dira-t-on, vos craintes sont chimériques. Vous raisonnez en philosophe, développant des considérations très théoriques, avec une certaine rigueur : mais la vie est la plus forte. Les conséquences qu'annoncent vos raisonnements ne se sont pas produites, et les fidèles catholiques vivent en paix une liturgie renouvelée dont vous méconnaissez singulièrement les mérites : plus grande richesse des lectures bibliques, variété des Préfaces, prière eucharistique face au peuple, à voix haute, etc. Ce que vous dites de votre amour pour l'ancien rite est sans doute respectable, mais aussi fort empreint de subjectivité. Cette découverte de la liturgie par un adolescent, d'autres adolescents la font maintenant avec le nouveau rite ; et ils n'en connaissent pas d'autres. De même pour les séminaristes et les prêtres, aujourd'hui formés, et formés par le nouveau rite. On doit donc conclure que le *Novus Ordo* est tout simplement l'*Ordo* normal de la messe. Il est vrai que nouveauté et ritualité ne font pas nécessairement bon ménage. Mais dans la mesure où l'ancien rite a disparu de la scène liturgique, le nouveau perd sa nouveauté et s'impose comme la norme quasi intemporelle et définitive.

Tels sont, du moins, les arguments que l'on fait valoir et qui paraissent à la fois raisonnables et évidents. Mais cette apparence fut soudain démentie le jour où, Rome ayant annoncé sa volonté de restituer à l'ancien rite sa liberté dans l'Église, sous certaines conditions, quelques évêques français décidèrent de faire publiquement état des inquiétudes que suscitait le projet du *Motu Proprio* de Benoît XVI, et de manifester leur désapprobation à ce sujet. J'avoue qu'aujourd'hui encore je me demande comment ces évêques ne se sont pas aperçus des conséquences catastrophiques qu'entraînaient certains de leurs arguments. Sur les difficultés de mise en place du *Motu Proprio*, sur le trouble qu'il peut apporter dans l'âme des prêtres et les laïcs vivant leur foi sur la base de l'unique liturgie qu'ils connaissent, on peut les comprendre, sans partager nécessairement leurs appréhensions. Mais ils ont invoqué aussi, et même principalement, des raisons doctrinales. Ils ont – en toute inconscience ? – rappelé le célèbre adage *: lex orandi, lex credendi*, « la loi de la prière, c'est la loi de la foi », c'est-à-dire : la règle de la prière exprime la règle de ce que l'on doit croire. De ce principe, ils ont tiré la conséquence – effrayante – que seule la *lex orandi* du *Novus Ordo* est conforme à la *lex credendi* du concile Vatican II, alors que la *lex orandi* de l'ancien rite lui est contraire et donc répudie la doctrine de ce concile. Ils ont ainsi porté le débat à son niveau le plus élevé et le plus fondamental, croyant sans doute atteindre en son cœur le projet de Benoît XVI en en révélant l'invalidité théologique radicale. Mais alors, si la *lex orandi* de l'ancien rite est l'expression d'une foi qui n'est pas celle de Vatican II, mais celle des conciles précédents, celle de l'« ancienne Église », il s'ensuit nécessairement que la foi de Vatican II n'est pas non plus celle de l'Église antérieure au concile, celle des deux mille ans de christianisme, celle de toujours. On doit supposer, la sincérité des évêques étant hors de doute, que telle est bien leur conviction. Pour eux, la foi chrétienne, disons : la vraie compréhension de la foi chrétienne, est née à Vatican II et se situe dans l'esprit de ce concile, dont la foi qu'exprime l'ancien rite est la négation.

Deux mille ans d'erreur pour cinquante ans de vérité. Argument suicidaire, mais qui prouve que, pour beaucoup de ses partissans, la nouveauté du rite ordinaire, sa nature *révolutionnaire*, n'est pas un vain mot. Il s'avère donc que les « craintes » dont j'ai fait état précédemment n'ont rien de « chimérique », qu'elles sont au contraire tout à fait réelles et que l'entière détermination que manifestent les évêques dans leur refus de l'ancien rite, au-delà de leur attachement au nouveau et à sa supposée supériorité, révèle, de leur propre aveu, la volonté de promouvoir une nouvelle *lex credendi*. Voilà ce qu'il faut dire, si l'on fait fi de certaines précautions oratoires. Si, comme ils le prétendent, il y a incompatibilité entre l'ancienne et la nouvelle *lex orandi*, c'est que, pour eux, il y a incompatibilité entre l'ancienne et la nouvelle *lex credendi*, dont chacun de ces rites est porteur. Conséquence effrayante, ai-je dit, devant laquelle, cependant, il n'est pas certain que reculeraient tous les évêques protestataires. Mais aussi conséquence suicidaire : rompre avec la tradition doctrinale du christianisme, sous prétexte, sans doute, de fidélité à son origine, c'est se priver du seul canal par lequel en arrivait jusqu'à nous la sève nourricière. Ainsi de la feuille d'un arbre, vivante à la plus haute cime, s'arrachant à la branche qui la porte pour rejoindre les racines, morte et desséchée.

La conclusion s'impose. Si l'on veut sauver le nouveau rite du dessèchement et de la mort, de la rongeuse nouveauté qui frappe de caducité tout ce qui s'en réclame *exclusivement*, il faut absolument récuser la thèse de ceux qui prétendent y lire une foi nouvelle, une foi incompatible avec la foi de toujours, avec la foi de la messe tridentine. Et récuser cette thèse, c'est nécessairement rendre son droit à l'ancien rite, qui n'a jamais été canoniquement aboli et qui, cela aussi est un fait majeur, a été célébré et pratiqué sans interruption pendant des siècles. Si, au contraire, l'instauration du nouveau rite impliquait la disparition de l'ancien pour cause d'incompatibilité doctrinale, cela impliquerait ou que l'ancienne religion était fausse ou que l'est la nouvelle. Comme la première hypothèse est radicalement insoutenable, sauf pour quelques illuminés sans cervelle, il ne reste que la deuxième. Les évêques protestataires en ont-ils eu conscience ? En tout cas ces implications sont rigoureusement inscrites dans la logique de leurs discours, et, tôt ou tard, c'est toujours la logique qui triomphe. Pour sauver le nouveau rite, il fallait donc affirmer qu'il peut coexister avec l'ancien, qu'il n'y a, en vérité, qu'un seul rite sous deux formes distinctes, l'une extraordinaire, l'autre ordinaire, mais d'essence une. Cette essence, en dehors de laquelle les gestes et les paroles de la messe ne sont que gesticulation et mots creux, c'est que la liturgie eucharistique, dans le déroulement de son acte, est le vrai et unique Sacrifice du Vendredi-Saint rendu sacramentellement présent sur l'autel par le ministère du prêtre. Cette doctrine, aucune autorité au monde, fût-elle conciliaire, papale ou épiscopale, ne peut l'abolir. C'est le sang versé du Christ qui donne vie au Corps de la liturgie, à défaut de quoi ce corps n'est plus qu'un cadavre.

Oui, le nouveau rite de la messe, ce rite en lequel l'Église s'est reconnue, qui porte aujourd'hui la foi de millions de fidèles, mérite mieux que les pseudo-théologies, bien souvent hérétiques, qui l'ont encensé. Il mérite de retrouver son frère aîné dans la foi, sans exclusion, sans rivalité. Ce frère aîné le protègera contre les éventuelles dérives désacralisantes du monde moderne et les imprudences de la jeunesse, mais lui-même rappellera ou apprendra à son aîné que le formalisme et le rubricisme sont plus propres à embaumer les momies qu'à laisser jaillir la vie de l'Esprit. Avec le *Motu Proprio Summorum Pontificum*, il y va, en réalité, de l'existence même de l'Église.

5. XII.2007

CHAPITRE IV

DU PALÉO- AU NÉO-CHRISTIANISME
POURQUOI J'AI ÉCRIT *LA CHARITÉ PROFANÉE*

Quand fut entreprise, en 1966, la rédaction de *La charité profanée* – intitulée désormais *Amour et Vérité* –, l'Église catholique, au sortir de Vatican II, entrait dans une phase de grandes turbulences. Beaucoup de chrétiens, clercs ou laïcs, s'estimaient alors autorisés à s'en prendre aux formes reçues de la prière liturgique ou remettaient en question la tradition dogmatique. En théologie fondamentale, en exégèse, en doctrine des sacrements, rien n'était épargné : péché originel, historicité du Pentateuque, authenticité des paroles et des miracles rapportés par les Évangiles, divinité du Christ, réalité de sa résurrection et de son ascension, immaculée conception et assomption de Marie, existence des anges et des démons, identité essentielle du sacrifice de la messe et du sacrifice du Calvaire, transsubstantiation eucharistique, immortalité de l'âme séparée du corps, jugement particulier et Jugement dernier, réalité du purgatoire et perpétuité de l'enfer, infaillibilité du magistère pétrinien quant à la foi et aux mœurs, etc., tout fut contesté, mis en doute, nié et réduit à de simples formes culturelles, produits contingents d'un âge révolu.

Que le pape Paul VI ait pu, à cet égard, parler des « fumées de Satan » introduites dans l'Église à la faveur du Concile, n'est quand même pas anodin et justifiait les alarmes, et presque le désespoir, de très grands théologiens qui n'étaient – ainsi le cardinal de Lubac – ni des nostalgiques du « passé constantinien », ni des chrétiens « modernistes ». À ce déferlement d'apostasie, Rome ne pouvait guère opposer que le témoignage de sa fidélité : ce fut l'admirable « Profession de foi » prononcée par Paul VI, le 30 juin 1968, sur une suggestion de Jacques Maritain, qui en rédigea l'essentiel, mais qui fut à peu près sans effet sur la crise de l'Église.

Il faut prendre une exacte conscience de l'ampleur de la révolution post-conciliaire qui visait à transformer la religion chrétienne en simple idéologie fraternitaire, si l'on veut mesurer l'importance de l'œuvre restauratrice accomplie par Jean-Paul II : une sorte de miracle dans l'histoire de l'Église. Rome, en effet, n'avait pas affaire à une hérésie fortement articulée, de nature purement doctrinale et bien identifiable, comme il s'en est souvent rencontré dans le passé, et susceptible d'une réfutation véritablement théologique sur la base de la tradition dogmatique. Cette révolution post-conciliaire était – est encore ! – a-dogmatique. Ses principes, ce sont ceux du monde moderne, revêtus d'une apparence chrétienne. Ses thèmes idéologiques, les convictions qui l'animent, procèdent directement des thèmes et des convictions qui définissent la sensibilité de nos contemporains. Ainsi, le centre vivant de la foi est-il en quelque sorte déporté sur un sol étranger, se nourrissant de certitudes qui ne sont plus celles du lieu de sa naissance. Réfute-t-on une sensibilité par des arguments théologiques ? Il fallait une personnalité hors du commun pour restituer l'Église dans sa vraie demeure, pour l'arracher, autant que possible à la fascination du monde moderne, et la rappeler à elle-même, tâche presque impossible à espérer et qui fut accomplie, au moins partiellement, avec la grâce de l'Esprit saint. Je ne saurais oublier ce que me confia l'abbé Luc Lefèvre, premier éditeur de *La charité profanée*, au lendemain de l'élection de Jean-Paul II : « Rome est de nouveau dans Rome ».

Est-ce à dire pour autant qu'au sein de l'Église, la crise était résolue et que les partisans de la révolution culturelle néo-chrétienne, clercs ou laïques, théologiens, liturgistes, exégètes ou fidèles du rang, avaient rendu les armes ? Il n'en était rien. Une chose était acquise : les chrétiens savaient désormais qu'il y avait un magistère romain, identifiable et reconnaissable, dépositaire de la foi de toujours, et d'une foi immuable ; le *Catéchisme de l'Église Catholique*, que tout fidèle peut, s'il en est besoin, opposer infailliblement à tout hiérarque, est là pour l'attester. Les esprits, toutefois, se sont-ils convertis ? En apparence les conflits se sont apaisés, ou, du moins, ont perdu de leur virulence. Mais ils se sont aussi enkystés. De manière plus sourde qu'au temps des déclarations fracassantes, les tensions de rupture continuent de travailler le tissu ecclésial. Se maintient l'orientation profonde des volontés vers la mise en place d'une « nouvelle religion », d'une sorte de néo-christianisme prenant à son compte les « valeurs et les certitudes du monde moderne », et la réalisation s'en poursuit. À bien des égards on peut même estimer que la situation est plus grave qu'en 1970. À cette époque, où la mémoire de l'ancien régime était encore vive, les partisans du néo-christianisme faisaient scandale, suscitant l'enthousiasme ou la réprobation. Aujourd'hui, les consciences doctrinales se sont habituées. Les propositions hérétiques, la négation du péché originel – et donc de l'Immaculée Conception –, par exemple, celle du Sacrifice eucharistique, ou de l'assomption de Marie, souvent reprises par des théologiens reconnus, et de plus en plus tranquillement, sans tapage médiatique, finissent par s'imposer comme des vérités acquises : elles ne sont plus objet de débats. Au demeurant, l'idée qu'il puisse y avoir une vérité objective de la dogmatique déserte un nombre croissant d'esprits. Non seulement le « Credo de Paul VI » est oublié, non seulement le *Catéchisme de l'Église catholique*, en dépit de sa diffusion, est neutralisé et marginalisé, mais le Symbole de Nicée n'est plus guère proclamé dans les églises, remplacé au mieux pas le Symbole des Apôtres, au pire par des inventions d'une insondable niaiserie. Et pourtant, il n'y a pas de bien plus essentiel et plus vital pour l'intelligence chrétienne que la connaissance des vérités à croire.

Il est donc certain que demeurent cependant, et très actives, chez beaucoup, les convictions que nous voulions combattre ; simplement elles s'expriment sur un autre ton, au sein d'un monde qui, lui aussi, a quelque peu changé. En particulier, alors que s'avérait de plus en plus nettement la monstruosité des crimes du communisme mondial, l'effondrement du Mur de Berlin et la disparition de l'État soviétique rendaient vraiment problématique l'attrait que l'idéologie communiste exerçait sur l'âme chrétienne. Toutefois, les motifs qui avaient conduit tant de chrétiens à se nourrir d'espoir marxiste et parfois à en soutenir les manifestations politiques, ces motifs sont toujours les mêmes. C'est qu'en effet ils n'étaient pas le fruit, sauf exception, d'un assentiment rationnel : le socialisme « scientifique », les théories « philosophiques » du matérialisme dialectique et du matérialisme historique[7] ne jouaient presque aucun rôle dans l'engagement de ces militants du Christ. Mais ce qui les conduisait à adopter la forme marxiste du combat pour la justice, c'était d'abord une appartenance de cœur au message d'amour de l'Évangile, lequel s'impose au chrétien en tout temps. Assurément, et compte tenu d'une prodigieuse et peu explicable ignorance de la vraie nature du communisme, s'y mêlait aussi, en Europe comme en Amérique, la certitude que seul le communisme était efficace, techniquement parlant, pour lutter contre l'injustice de certaines situations proprement inhumaines, spécialement en Amérique Latine où les égoïsmes des riches et les enjeux politiques se conjuguaient pour contraindre les peuples à la servitude. Mais cela mis à part, ce qui motivait les partisans de la théologie de la libération, c'était la logique du deuxième commandement, les exigences de l'amour du prochain.

Ce sont ces mêmes exigences qui ont inspiré la révolution culturelle post-conciliaire et qui continuent de valoir aujourd'hui. Il ne s'agit plus seulement, au moins en Europe ou en Amérique du Nord, de libérer des peuples de l'oppression économique, sociale ou politique, il s'agit de libérer l'Église d'elle-même des servitudes ou des crimes de son passé, des scléroses institutionnelles et des durcissements cléricaux, de tout ce qui encombre le libre courant d'amour du fleuve christique, empêchant les hommes d'aujourd'hui de

[7] Voir notre *Marxisme et sens chrétien de l'histoire*, coll. Théôria, L'Harmattan, Paris, 2016. Le P. Chenu, célèbre théologien dominicain, écrit en 1955, dans *Pour une théologie du travail* (Livre de Vie, p. 55) : « Le communisme n'a pas seulement le caractère d'une force historique, sociale et politique. Il comporte une vision générale des choses et de l'homme, il s'édifie à l'intérieur d'un univers de foi et de pensée. C'est à une révolution spirituelle que nous assistons ». Pour ce spécialiste de S. Thomas d'Aquin, la tâche des chrétiens était donc de faire, au XXème siècle, avec Marx, ce que S. Thomas avait fait au XIIIème avec Aristote !

s'y abreuver. L'évidence du commandement d'amour est si forte qu'elle relativise tout autre commandement, toute autre exigence, toute autre urgence, qui paraîtront alors comme autant de manquements à la charité. Pris individuellement, les chrétiens d'aujourd'hui ne s'estiment sans doute pas supérieurs à ceux d'autrefois, mais ils sont intimement persuadés que la forme moderne de la foi chrétienne est préférable à la forme ancienne, parce qu'elle est plus centrée sur l'essentiel, plus fidèle à l'unique message du Christ qui est l'amour d'autrui. Et même si le chrétien du XXIème siècle ne revendique aucune excellence dans sa pratique effective du commandement, la compréhension qu'il a de sa vérité lui paraît doctrinalement supérieure : « Dieu est amour », dit S. Jean (1ère ép., IV, 8), et *donc* l'amour est Dieu.

D'une certaine manière, le propos fondamental de mon livre portait sur ce *donc*, c'est-à-dire sur la validité de la déduction qui s'y exprimait et qu'il me fallait soumettre à la rigueur de l'analyse, analyse théologique, assurément, mais aussi et d'abord anthropologique, parce que le commandement s'adresse à l'homme et qu'il ne peut le mettre en œuvre qu'en fonction des données de sa nature. Sans doute n'aperçoit-on pas, *a priori*, le rapport qu'il peut y avoir entre l'absolutisation du deuxième commandement – sous la forme de l'idéologie caritative qu'implique la proposition : l'amour est Dieu – et le néo-christianisme que je viens de décrire. C'est d'ailleurs une objection qui me fut faite : « ne croyez pas que l'abandon de la dogmatique traditionnelle soit dû à un excès de charité. Il n'est qu'un effet de la peur des catholiques devant les "gros bras" du monde moderne ». Et certes on ne saurait négliger l'importance du prestige que revêtent la science et la culture modernes auprès de *tous* les hommes d'aujourd'hui, non plus que celle des idéologies politiques que les tragédies de l'histoire ont suscitées. Néanmoins, pour passer du constat – parfois douloureux – de l'« obsolescence » du paléo-christianisme à l'adhésion enthousiaste au néo-christianisme, une âme chrétienne a besoin d'autre chose que d'un sentiment de peur. Certes l'incompatibilité de la culture moderne et de la doctrine traditionnelle est bien une épreuve pour ceux que passionne la recherche d'une vérité théorique et objective, qu'ils soient d'ailleurs chrétiens ou non. Ils sont relativement peu nombreux. Mais pour convaincre une âme chrétienne de franchir le pas, de renoncer éventuellement à deux mille ans de vérités, au demeurant de vérités reçues dans la foi et non saisies par certitude d'intelligence, afin d'entrer en néo-christianisme, il faut autre chose, il faut une raison qui parle aussi à sa foi, et à sa foi en Jésus-Christ. Pour opérer une telle conversion, science, philosophie, politique sont insuffisantes.

Il me fallait donc non seulement rappeler ce qu'est la vérité métaphysique et théologique de l'amour en Dieu, mais d'abord ce qu'elle est dans l'homme. Il fallait pénétrer dans la subjectivité humaine en acte caritatif, procéder à une sorte de psychanalyse du sentiment d'évidence et d'autojustification qui l'accompagne, dont la force semble annuler toute autre considération et qui s'apparente à une sorte de fuite en avant, plus ou moins mystique, devant la menace d'une schizophrénie religieuse.

Le mot d'ordre essentiel du néo-christianisme que je tente de caractériser, c'est, au nom de l'amour, l'ouverture au monde. L'accusation majeure que ce néo-christianisme portait et porte encore contre l'ancienne Église, c'est de s'être fermée au monde, au moins depuis l'aube des temps modernes, lorsque la société civile et politique s'est progressivement émancipée de sa forme cléricale, c'est-à-dire à la Renaissance. Oubliait-on alors ce que S. Jean nous enseigne ? « N'aimez ni le monde, ni ce qui est dans le monde. Si quelqu'un aime le monde, l'amour du Père n'est pas en lui » (1 Jn., II, 15-16) ; et S. Jacques : « Ne savez-vous pas que l'amitié pour le monde est inimitié contre Dieu. Qui donc veut être ami du monde, se rend ennemi de Dieu » (IV, 4). À quoi l'on rétorquait que le terme de « monde » a, dans l'Écriture, différents sens. Mais est-il certain que le sens – ou les sens – auquel l'entend aujourd'hui le néo-christianisme ne tombe sous aucune des condamnations de l'Écriture ? Cette ouverture au monde, cette prise en compte de ses « valeurs », de ses « vérités », tout ce que l'Église ancienne avait, non pas obligatoirement rejeté, mais soumis à une réserve critique, c'est un peu tout cela qu'a résumé le mot d'ordre d'*aggiornamento*. Et certes, il y avait quelque chose de nécessaire dans cette « mise à jour » de la religion chrétienne, qui ne pouvait continuer à vivre son rapport au monde sur la seule base du *Syllabus*. Et nous croyons, après mûre réflexion, que dans son ensemble – nonobstant quelques déclarations inconsidérées – par exemple sur les « progrès des sciences humaines » (*Gaudium et spes*, 54) – le concile Vatican II aura été bénéfique pour l'Église. Cela dit, et concernant précisément un tel *aggiornamento*, on ne saurait non plus faire bon marché de l'injonction de S. Paul dans l'Épître aux Romains (XII, 2) : « Ne vous conformez pas au siècle présent, mais transformez-vous dans le renouvellement de votre intellect ».

Toutefois, ce n'est pas seulement la cohérence de la Révélation que menace l'herméneutique néo-chrétienne ; c'est aussi l'unité de la Tradition ecclésiastique. Plus qu'aucune autre religion, le christianisme a une histoire, et même, à bien des égards, *est* une histoire, parce qu'il est une réalité vivante, et que, comme pour tout être vivant, *son identité est génétique*. Le christianisme est la religion du Fils, et c'est par là, et non autrement, qu'il est la religion du Père. Son rapport au Père est donc un rapport de filiation, et ce rapport de filiation, rapport génétique s'il en est, est constitutif de son histoire. Nous sommes les fils du Père, premièrement et ultimement, par la médiation du Fils, mais aussi et secondement par la médiation de toutes les générations chrétiennes qui ont porté son message jusqu'à nous. Et de même que les premières générations chrétiennes venaient à S. Polycarpe, dont S. Irénée fut le disciple, pour cueillir sur ses lèvres le dernier écho direct de la parole de S. Jean, de même, nous les derniers venus, nous n'avons aucun autre moyen de connaître le sens de la parole christique que de l'écouter repris et communiqué par chaque génération de la Tradition ecclésiastique, et particulièrement dans les écrits des Pères, des Docteurs et des Saints. Nous sommes chrétiennement vivants dans la mesure où nous sommes immergés dans cette immense filiation, par la grâce de laquelle, en vérité, nous sommes les frères des chrétiens de tous les temps. Vouloir rompre avec la Tradition des Irénée, des Clément, des Origène, des Basile, des Grégoire, des Augustin, des

Hilaire, des Anselme, des Bernard, des Bonaventure, des Thomas, et de tant d'autres qui ont façonné l'âme et l'intelligence chrétienne, la nourrissant de la sève christique, sous prétexte de remonter à la source première, c'est se condamner à mourir, comme – pour reprendre une image déjà mentionnée – une feuille à la pointe la plus extrême de sa branche, qui s'arracherait à l'arbre pour rejoindre ses racines : elle périt à son pied et bientôt s'y dessèche.

Il ne s'agit certes pas de canoniser indistinctement toute « tradition », et la sagesse critique de l'Église doit s'exercer aussi à l'égard du passé. Mais ce qui est assurément mortifère, c'est la volonté systématique de rupture, c'est l'esprit de contre-tradition, qui est directement opposé à l'esprit de filiation, et qui n'est pas sans rapport avec le péché contre l'Esprit. Car, dans la Tradition ecclésiastique, c'est-à-dire dans le développement homogène du dogme qui, au long des âges, fournit les normes et les repères pour l'interprétation de la révélation christique, c'est l'Esprit saint qui est à l'œuvre, lui dont le Christ a dit : « il vous enseignera toute chose » (Jn., XIV, 26) ; et : « l'Esprit de Vérité vous conduira vers la Vérité tout entière » (XVI, 13). C'est pourquoi, une fois la Tradition dégagée des inventions simplement humaines par le magistère de l'Église, dont c'est précisément la fonction, toute nouveauté – apparente – ne peut consister qu'en la « mise au jour » de ce qui était contenu implicitement dans le dépôt traditionnel, mais dont on n'avait pas encore pris une conscience explicite. Et c'est là, non un argument *pro domo*, mais une loi de la connaissance humaine : de même qu'il faut du temps pour apercevoir toutes les propriétés d'un objet mathématique, fût-ce d'un simple triangle, de même n'a-t-on jamais fini de prendre doctrinalement conscience de tout ce qui est contenu dans l'objet dogmatique – et cela est vrai également de l'objet métaphysique : ce pourquoi il y a une *histoire* de la dogmatique – comme de la philosophie. Mais encore faut-il qu'il y ait un objet dogmatique et qu'on prenne la peine de le saisir intellectuellement, c'est-à-dire d'en comprendre, autant que possible, la formulation canonique, ce qui peut exiger de longues études. Or, il paraît que bien des partisans du néo-christianisme ne comprennent souvent plus grand-chose au passé doctrinal de leur Église, ou du moins ne croient pas nécessaire de consacrer beaucoup de soin à s'en instruire. Ce ne fut pas, pour moi, un médiocre sujet d'étonnement que de voir tant de prêtres traiter les plus grands génies de la pensée chrétienne avec l'amusement du mépris ou la tranquillité de l'ignorance. Il est vrai que leur attitude pouvait s'autoriser de l'opinion de quelques doctes dont l'érudition en exégèse ou en histoire de la théologie était renommée et se trouvait mise au service d'une certaine puissance dialectique accordée à l'esprit du temps. Critiquer cette érudition, contester les conclusions qu'on en tirait, eût exigé beaucoup de recherches et de lectures, et l'appel à des principes d'interprétation contraires à une bonne partie des conceptions modernes. C'était hors de question, alors que cependant toute fonction ecclésiale comporte nécessairement un aspect doctrinal.

Reste qu'on ne saurait opposer un concile à un autre. Dans la mesure même où nous devons recevoir Vatican II comme l'authentique message de l'Église à qui Dieu a confié le dépôt de la foi, nous devons aussi recevoir celui des précédents conciles, notamment des conciles de Trente et de Vatican I. Et s'il est possible, et parfois nécessaire, de soumettre ces conciles à un examen critique, toute expression humaine portant la marque de son temps et des circonstances qui l'ont suscitée, il est aussi possible et éventuellement nécessaire de soumettre Vatican II au même examen. Car la vie de la foi, dans une intelligence croyante, est en perpétuel ajustement de sa compréhension. Les formulations dogmatiques sont de soi irréformable, et rien ne nous paraît plus dangereux et plus illusoire que de s'imaginer qu'on pourrait ôter à la vérité son vêtement formel pour l'habiller d'un autre jugé culturellement mieux adapté. Il y a là une conception des rapports entre le fond et la forme d'une simplicité un peu grossière, comme si, pour mieux connaître l'âme d'une personne, on voulait la dépouiller de son visage. S'agissant des mystères de la Révélation, nous n'avons aucun accès à leur réalité transcendante, sinon l'icône doctrinale que l'Église nous en a donné à contempler. Tout ce que nous pouvons faire, c'est, à partir des éléments qu'elle nous présente, de l'accueillir dans le silence de l'adoration et tenter de l'entendre, c'est-à-dire de laisser développer en nous ses harmoniques intelligibles.

Cela, cependant, ne saurait signifier que seule est autorisée la répétition littérale des formules dogmatiques. Tout au contraire, ces formules ne développeront leurs harmoniques intelligibles qu'à la condition qu'elles soient d'abord comprises dans leur signification intellectuelle. Cette compréhension requiert deux choses : d'une part une explication, d'autre part une justification. Expliquer, c'est permettre à l'auditeur d'une formule dogmatique d'accéder à son intelligence, de saisir ce qu'elle veut dire ; cela demande, qu'on rende compte, à l'aide de toutes les ressources du langage, du vocabulaire canonique de la Tradition dogmatique ainsi que de la visée de ses énoncés, car on peut connaître tous les termes d'une proposition et se méprendre sur son sens. Justifier, d'autre part, c'est dire pourquoi telle proposition ainsi expliquée a été énoncée. Or, la justification s'effectue toujours au regard d'une exigence déterminée. En matière de dogme, la justification se fait d'abord au regard du dépôt de la foi, connu par l'Écriture et la Tradition. Elle se fait ensuite au regard de l'histoire et des risques d'altération du dépôt qui surgissent au cours du temps. D'où la nécessité d'une apologétique qui s'efforce de répondre aux besoins nouveaux d'intelligence qu'impose l'évolution des cultures, mais aussi, et plus profondément, de montrer en quoi la lumière de la Révélation donne son véritable sens aux exigences permanentes de notre condition métaphysique.

Toutefois, la situation créée par l'apparition du néo-christianisme au sein de notre religion ne peut s'apprécier objectivement sous le seul rapport de sa rupture avec le paléo-christianisme. Il faut aussi prendre en compte la réaction qu'a suscitée cette apparition et qui ressortit à ce qu'on peut appeler la mouvance « intégriste ». Elle est certes minoritaire, mais sa vigoureuse durée, un demi-siècle plus tard, ne devrait pas laisser de surprendre. Elle n'est plus aujourd'hui le fait de prêtres ou de fidèles accrochés nostalgiquement à la religion de leur enfance ou de leur maturité : la plupart ne l'ont pas connue. Faut-il alors les considérer comme les témoins indispensables d'une vérité que les néo-chrétiens ont reniée et que l'Église officielle ne maintient pas avec une suffisante fermeté ? À quelques égards, certains faits vont en ce sens : ainsi de la liturgie. Quels que soient les défauts de l'ancien rite – aujourd'hui appelé rite extraordinaire –, nul ne peut nier qu'il donne à voir, à entendre et à vivre une sacralité toute divine dont le monde religieux d'aujourd'hui, dans sa majorité, n'a plus la moindre idée et que le nouveau rite, même vécu avec les sentiments de la foi la plus intense, offre peu ou difficilement.

Cela dit, il apparaît de plus en plus clairement que la mouvance « intégriste » n'est pas à la hauteur du rôle qu'elle voulait jouer et de la mission à laquelle elle s'était vouée. C'est qu'en réalité la réaction « intégriste » n'est pas née à l'occasion de Vatican II et qu'elle est marquée par un passé assez lourd. Le terme d'intégrisme apparaît au début du XXème siècle pour caractériser le combat radical contre le « modernisme » nommé et dénoncé par Saint Pie X dans son encyclique *Pascendi* (1907). Ce « modernisme » désigne l'attitude des chrétiens, clercs ou laïcs, persuadés qu'on ne peut maintenir la lettre du dogme dans un monde totalement sécularisé et que, pour sauver l'essentiel, il faut dépasser les formulations traditionnelles vers ce qu'ils pensent en être l'esprit. Or, comme le montre l'histoire, il est indéniable que les partisans de la fidélité à la lettre du dogme ont fortement contribué eux-mêmes à déconsidérer la justesse de leur combat, dès les années 1910, en mettant en place une sorte de police doctrinale, en instaurant un régime de suspicion universelle et de dénonciation permanente, le tout au service d'une théologie bétonnée et stérile, infidèle d'ailleurs au véritable S. Thomas. S'établit ainsi un climat pesant de crainte et d'apparente soumission parmi les prêtres et les théologiens, climat largement ressenti, et de moins en moins supporté. C'est le rejet de tout cela qui a dominé à Vatican II, et qui s'est prolongé au-delà des intentions des textes conciliaires et de leur signification obvie. Bien des théologiens experts au concile, assurés dans leur attachement à la foi de l'Église, mais songeant aux tribulations d'un passé peu éloigné, étaient portés par l'espoir d'un véhément « plus jamais ça ! », ainsi du cardinal Congar, savant homme s'il en fut, théologien illustre, mais animé d'un incoercible ressentiment à l'égard de ceux « qui n'ont pas compris », et d'un ressentiment qui pouvait le rendre aveugle à certaines dérives dont il n'aperçut le risque que trop tard. Ce qu'on a appelé l'« esprit du concile » n'est en réalité que la conséquence d'une révolte antérieure à Vatican II, et qui a vu dans le concile l'occasion providentielle pour une manifestation, encore timide, d'une libération de l'Église catholique. C'est pourquoi aussi, cette libération commencée doit être achevée. Dans la forme désormais fixée qu'il a revêtue, Vatican II doit se prolonger et tendre vers la réalisation du néo-christianisme : un Dieu sans transcendance, une foi sans dogme, une Église sans hiérarchie.

Cependant, de cette histoire du catholicisme préconciliaire, de la crise moderniste et des réactions intégristes qu'elle avait suscitées et qui continuaient d'agiter le monde *ecclésiastique*, ainsi que des blessures peu guérissables qu'elle y avait laissées, le laïc que je suis ne savait presque rien. Philosophe de métier, il voyait seulement quelques théologiens médiatiques se livrer à des déclarations, objectivement scandaleuses, et des prêtres ou des laïcs cultivés, mépriser, avec la désinvolture de l'inconscience, les œuvres les plus importantes de la Tradition chrétienne : quelle stupéfaction pour un intellectuel à qui l'Université avait inculqué le respect quasi religieux des écrits majeurs du passé philosophique ! De la crise qui secouait l'Église je ne percevais que les enjeux doctrinaux, théologiques et métaphysiques, les seuls au demeurant qui m'intéressaient. De tout le reste, de l'arrière-plan proprement ecclésiastique – groupes de pression, courants divers, conflits latents ou manifestes entre chefs de file ou familles d'esprit –, bref, de l'histoire intérieure du catholicisme contemporain, il ne connaissait que peu de choses et ne se doutait pas du poids que pesait le souvenir des conflits passés sur les acteurs conciliaires. Il ne découvrit le livre d'Émile Poulat, *Histoire, dogme et critique dans la crise moderniste*, que lors de sa réédition en 1979. C'est pourquoi il ne pouvait faire état des débats historiques et des textes dont les « révolutionnaires » pensaient devoir s'inspirer, et qui, mieux connus, eussent été de nature, non certes à justifier psychologiquement leur attitude, mais du moins à me la faire mieux comprendre.

L'objet de mon travail ne pouvait donc être que doctrinal, et le seul motif qui me guidait était celui de la vérité catholique. Or, de cette vérité formellement définie, les défenseurs visibles paraissaient être ceux qu'on appelait « intégristes », « traditionalistes », ou plus gentiment « conservateurs », non que, pour en juger de telle façon, je fusse adhérent ou porte-parole d'un groupe ainsi qualifié. Au reste, nourri de Platon plus que d'Aristote, soucieux de liberté, répugnant au conformisme, je me sentais, par tempérament et par philosophie, très éloigné de la famille des « ruminants de la Sainte Alliance », pour reprendre une expression du « Paysan de la Garonne ». Mais, même s'il est exact, selon le mot d'Étienne Gilson, que « l'orthodoxie fut alors aux mains de ses destructeurs », il n'en restait pas moins que c'était l'*orthodoxie*, et qu'il s'agissait des fondements mêmes de la révélation chrétienne : un philosophe chrétien n'était-il pas appelé, à la mesure de ses moyens, à tenter de faire entendre sa voix ?

On objectera sans doute que nos craintes étaient excessives, que nous étions victimes du catastrophisme propre aux intellectuels manieurs d'abstractions, auxquelles une dramatisation convenable permet de conférer une saveur d'apocalypse. Cette objection, je me l'étais faite moi-même et j'avais conscience des risques d'exagération que court toute polémique. N'étais-je pas exposé à ne pourchasser qu'« une grande hérésie fantôme »[8] ? Une hérésie fantôme ? Ce n'était pas l'avis du cardinal de Lubac lorsqu'il affirmait : « Il existe une vague de fond qui, si l'on y cédait, nous conduirait en peu de temps à l'apostasie collective »[9].

La crise de l'Église s'est produite, principalement, au nom d'une conception *idéologique* de la charité. C'est cette idéologie caritative que j'ai voulu non seulement analyser et combattre, mais aussi comprendre philosophiquement, afin d'en montrer le caractère théo-

---

[8] C'est ce que le franciscain Hervé Chaigne répondait à Jacques Maritain, à propos du *Paysan de la Garonne* (1966) : *cf.* le dossier critique de Michel Fourcade dans la réédition de ce livre sous le titre *Le Feu nouveau*, Ad Solem, 2007, p. 522.

[9] *Ibid.* p. 502.

logiquement illusoire. Illusion prestigieuse et même enivrante pour un cœur chrétien. Je connais bien sa puissance, l'ayant partagée et l'éprouvant encore. Une étude métaphysique de la vertu *théologale* de charité était nécessaire pour m'aider, non pas à m'en délivrer, mais à me tenir à distance critique de ses manifestations religieuses et sociales. Grâce à ce livre, j'ai peu à peu pris conscience que seule la charité des saints connaît la vérité de l'amour de Dieu.

24.X.2016

[Texte commencé le 30-XI-06 puis abandonné et repris pendant dix ans].

CHAPITRE V

LE PHILOSOPHE ET L'EXPÉRIENCE DE LA FOI

Philosophe de tempérament, je n'ai pourtant jamais vécu le rapport de l'intelligence philosophique à la foi comme un conflit. J'ai reçu, autant que je me souvienne, la foi que l'on m'enseignait dans mon enfance avec une sorte de joie intellectuelle qui en grandissant n'a fait que s'approfondir. Mon esprit, comme celui de beaucoup d'enfants, était naturellement tourné vers l'invisible, naturellement curieux de la raison cachée des choses. Et la religion m'apportait des nouvelles et des informations sur cet au-delà. Je trouvais cela merveilleux et bien plus intéressant que tous les autres savoirs. Ce qui faisait difficulté pour moi, c'était plutôt certains aspects pratiques de la vie religieuse : j'avais du mal à ma plier à une discipline, sans pour autant être révolté, et j'avais une conscience très nette de mes insuffisances dans l'ordre de la morale ou de la piété individuelle. Mais j'aimais la liturgie, j'allais à confesse. Je recevais la sainte communion et je ne manquais pas la messe dominicale.

Par ailleurs, j'ai vite perçu que les catholiques vivaient dans un monde essentiellement hostile à la religion, un monde athée et anti-chrétien. Ainsi, le combat pour ma foi, dès l'âge de douze ans, me paraissait une chose normale et inévitable. Sans le savoir, je faisais beaucoup d'apologétique. Comme je l'ai déjà indiqué au chapitre I, à quatorze ans, je m'intéressais vivement à la démonstration cartésienne de l'existence de Dieu – par l'existence en nous de l'idée d'infini. C'est cela qui a éveillé explicitement ma vocation de philosophe. Je lisais aussi Pascal, mon « héros préféré », sans voir très nettement ce qui l'opposait à Descartes : j'étais enthousiasmé à la fois par le Dieu des philosophes et par le Dieu d'Abraham, d'Isaac et de Jacob.

Comme je l'ai également indiqué auparavant, j'ai eu la chance, à dix-huit ans, de recevoir l'enseignement philosophique de deux maîtres, dont j'ai su, par la suite, qu'ils étaient « guénoniens » ou, du moins, « guénonisants ». Le premier, Georges Vallin, m'a ouvert le monde de la pensée orientale ; le second, Guy Bugault, m'a principalement révélé Platon, durant les trois ans que j'ai suivi ses cours en khâgne : cette révélation a été fondatrice. En même temps, la découverte de Shankara me montrait qu'il existait des cultures porteuses d'une *intellectualité sacrée*, dans lesquelles, comme dit S. Augustin, la vraie religion est la vraie philosophie, et pour lesquelles philosopher vraiment c'est philosopher religieusement. Ainsi, la philosophie de Platon, vue dans sa vérité à partir du modèle oriental, m'apparaissait comme l'expression majeure, en Occident, d'une telle intellectualité.

Il a bien fallu cependant que se fasse jour dans mon esprit l'idée, non pas d'un conflit, mais d'une certaine hétérogénéité des deux domaines de la foi et de l'intelligence philosophique. Cette hétérogénéité, dont j'ai pris progressivement conscience, s'est formulée en moi essentiellement comme celle de la singularité « contingente » d'une révélation affrontée à la nécessité et à l'universalité des propositions philosophiques. Être chrétien, c'est croire que Dieu s'est réellement incarné en Jésus-Christ, en un certain point de l'espace et du temps. Et je le crois parce que je crois à la parole de ceux qui annoncent cette incarnation du Fils, les Apôtres, et, finalement, l'Église. Je leur fais confiance. Il y a certes, beaucoup de motifs de croire à cette parole, mais aucune raison démonstrative. La raison peut démontrer Dieu, non Jésus-Christ. Ne serait-ce tout simplement que parce qu'aucun *fait* n'est rationnellement démontrable : montrable, oui ; démontrable, non. Et même si l'on montre Jésus-Christ, on ne montre qu'un homme, le Verbe divin, qui en lui s'est fait chair, est invisible : il n'est reconnu que par la foi. Or, pour la foi, l'incarnation du Verbe est un fait. Aussi ce fait, comme tel, est-il étranger au discours philosophique.

Cependant, si l'existence d'un fait en tant que tel est indémontrable, il n'en va pas de même de sa *possibilité*. Ainsi la science s'efforce de démontrer non tel fait singulier, mais sa possibilité, en le faisant rentrer dans un système général de la nature, ou tout au moins en construisant une théorie dont pourra se déduire la possibilité du fait. Allons plus loin, non seulement on *peut* (tenter de) démontrer la possibilité du fait, mais on ne peut même pas faire autrement, parce que, connaître, pour l'homme, c'est non seulement enregistrer, constater, mais c'est aussi et nécessairement, *comprendre* : l'intelligence n'appréhende que ce qui se présente avec une certaine intelligibilité. Et comprendre une existence, c'est d'abord en saisir la possibilité. Il en va de même pour les faits sacrés. Ils ne peuvent faire l'objet d'une simple constatation. Ce serait infra-humain. La foi est donc nécessairement en quête de son intelligence : *fides quaerens intellectum*. L'homme est un animal sémantique. Il n'est pas de foi qui n'implique une certaine compréhension de la possibilité de son objet, ou qui ne ressente le besoin d'une telle saisie intellective. Autrement dit, toute foi implique une métaphysique, c'est-à-dire une théorie générale de la possibilité de son objet. Lorsque cette théorie générale est envisagée en elle-même et pour elle-même, elle s'appelle « métaphysique ». Lorsqu'elle est envisagée dans son rapport spécial aux objets de la foi, elle s'appelle « théologie ».

On voit par ces brèves remarques que, si la foi, dans son objet singulier et unique – Jésus-Christ –, est étrangère à l'universalité du discours philosophique, le discours philosophique, lui, n'est pas étranger à la foi considérée dans son sujet humain, c'est-à-dire dans le croyant. On ne peut se contenter du constat d'hétérogénéité posé plus haut. La philosophie, principalement la métaphysique, a partie liée avec la religion. La question de leurs rapports est donc essentielle pour l'animal sémantique que nous sommes. Il y va même du destin tout entier de la croyance. Si, en effet, l'homme ne peut pas ne pas intelliger ce à quoi il croit, et si cependant l'objet de sa foi est radicalement étranger à son intelligence, alors la révélation est vaine et Dieu se moque des hommes. Il parle inintelligiblement aux seuls êtres intelligents. Et pourtant, si la foi devenait totalement intelligible, elle disparaîtrait comme foi et la religion se transformerait en philosophie. Peut-on déduire la *possibilité* des vérités de la foi des principes de la métaphysique ? Sous la réserve de certaines précisions, je répondrai avec hésitation : oui. Mais même si j'ai démontré métaphysiquement la possibilité de l'incarnation divine, d'une part, il ne s'agira que d'une démonstration négative – « il n'est pas impossible que… » – et, d'autre part, je ne l'aurai démontrée qu'en général, « en principe ». Or, je crois à Jésus-Christ, non à la possibilité principielle de l'incarnation, laquelle se fonde sur la nature théomorphe de l'archétype « homme ». Impossible de passer discursivement de celui-ci à Celui-là – à moins d'adhérer à la « gnose » hégélienne : elle rend compte de toute chose, y compris de l'apparition du Christ, mais *a posteriori*, et c'est évidemment « trop tard ». C'est pourquoi la synthèse hégélienne est condamnée à n'intégrer que des cadavres conceptuels et non des réalités vivantes. Entreprise de récupération spéculative, elle annihile ce qu'elle veut comprendre sans parvenir à se comprendre elle-même.

Cette impossibilité, il faut donc en scruter la signification. Si en effet la philosophie ne peut échapper à la tâche de penser la foi et si cependant elle doit constater son incapacité à rejoindre déductivement la foi à partir de ses propres principes, la seule solution qui lui reste est de rechercher le sens même de cet échec, c'est-à-dire à l'interpréter philosophiquement. Telle est la façon dont je m'efforce de résoudre ce qu'on appelle, improprement, le conflit de la raison philosophique et de la foi.

L'interprétation philosophique de l'échec d'une déduction de la foi doit s'interroger d'abord sur la notion de démonstration négative : pourquoi ne peut-on démontrer la possibilité de quelque chose qu'en démontrant sa non-impossibilité ; c'est-à-dire sa non-contradiction ? La raison est évidente : c'est que nous allons toujours de l'existence au possible, et non inversement. La compréhension de la possibilité vient donc toujours en second lieu, après la constatation de l'existence : par définition, elle en part et ne saurait y conduire. Nous ne pouvons *a priori* connaître la possibilité d'aucune chose : nous ne disposons pas de l'Imagination créatrice de Dieu – la *Sophia* divine. Dès lors que nous sommes dans l'ordre de l'existence – la création – nous sommes des apprentis : toute existence doit d'abord s'apprendre, et ensuite seulement se comprendre ; toute compréhension est donc précédée d'une appréhension qui la définit et la limite. Ce décalage est la marque de notre situation existentielle – mais, évidemment, dans l'ordre principiel, c'est l'inverse : ce qui est possible est réel ; Dieu est la Possibilité infinie, la Non-Contradiction absolue, rien ne peut l'empêcher d'être et Lui-même est la possibilité de tout être. Ce qui vaut pour les êtres de la nature vaut évidemment aussi pour les réalités de la foi. Notre finitude, notre conditionnement existentiel, nous imposent d'apprendre d'abord l'existence historique de Jésus-Christ : *fides ex auditu*. La non-déductibilité de cette existence n'est donc pas un scandale pour la raison, bien au contraire, elle est même pleine de sens.

Mais l'herméneutique philosophique dont je parle ne s'arrête pas là ; sinon elle ne serait pas une herméneutique de la foi et ne se distinguerait pas de la connaissance de tout autre personnage historique. Jésus, en effet, n'est pas seulement un homme important ; aux yeux de la foi, c'est en tant que tel, très réellement et très objectivement, Dieu-le-Fils incarné. Que le discours philosophique puisse seulement, *a posteriori*, et à partir de ce que nous en apprend l'Écriture, démontrer que cette possibilité est effectivement réalisée dans le cas de Jésus-Christ – en sorte qu'elle peut *a priori* se réaliser dans d'autres cas, comme le soutient S. Thomas[10] –, cela n'a pas qu'une signification négative relative à notre finitude existentielle, cela a aussi une signification positive relative à l'accomplissement sapiential de l'espérance philosophique. La première signification que j'ai dégagée vaut pour tout homme, aujourd'hui comme hier : même au Paradis terrestre, Adam devait apprendre les choses, car l'intellect ne s'éveille que de sa rencontre avec l'être. Mais l'intellect adamique réagissait ontonoétiquement à la découverte du réel : la connaissance

[10] *Somme de théologie*, III, 3, 7.

qu'il prenait des êtres et des choses les atteignait dans leur essence ; et le nom qu'il leur donnait était leur nom véritable. À cet égard, le caractère second de l'intellection adamique révèle sa signification positive ; elle vient après parce qu'elle achève et finalise en mode intelligible toute la création. En Adam, le cosmos se résume sémantiquement et réellement.

Mais cette secondarité et cette dépendance de l'intellection, le péché originel les transforme, ou plutôt les dégrade, en une rupture : rupture, précisément, du sémantique et du réel, du sujet connaissant et de l'objet connu. La connaissance n'a plus sa fonction unitive et résomptive, elle n'est plus l'acte dans lequel l'univers se connaît réellement en Adam et se « microcosmise » en lui, de même qu'Adam, dans ce même acte, se connaît réellement par l'univers et se « macrocosmise » grâce à lui. Cette connaissance, d'immédiate qu'elle était – une vraie co-naissance –, devient médiate, abstractive, conceptuelle, dualisante. Dualité et séparativité qu'elle vit comme une souffrance et un manque, non comme un état normal et heureux. *De cette souffrance cognitive la philosophie est justement la conscience.* Le salut de l'intelligence exige donc qu'enfin je rencontre un Objet qui soit pure Connaissance, un Être qui soit Vérité pure ; non pas une idée, un concept, une doctrine, un discours, mais un Être. Les doctrines et les discours peuvent bien éclairer l'intelligence, l'éduquer, la former et l'informer, ils ne peuvent la combler parce que ce qu'elle veut le plus fondamentalement le plus incoerciblement, c'est le réel et qu'elle sait de certitude infaillible et inoubliable que l'Être est sa béatitude. Si donc il n'y avait jamais d'offert à l'intelligence humaine d'autre rencontre que celle des êtres terrestres fermés sur eux-mêmes, des êtres séparés de moi dans leur objectivité irréductible et impénétrable, alors chaque rencontre que je fais d'un être ou d'une chose, et qui éveille en moi la promesse d'un bonheur, d'un épanouissement, d'une extase, devrait se conclure sur un constat d'échec et de mort : chaque acte de connaissance serait, non une naissance, mais une mort et un anéantissement. L'être n'est-il donc que l'aliénation définitive et totale de l'intelligence ?

Mais que dit la foi à l'intelligence ? Tu cherches l'Être en tant que tel et tu ne rencontres jamais que tel ou tel être. Or, voici : je te propose la rencontre d'un être singulier, seule rencontre possible pour une créature. Mais cet être – singulier – est aussi l'Être comme tel, le Verbe pur et éternel. Il est l'Intelligence parfaite et la *Sophia* de ton désir. Il est la médiation ontologique par la grâce et la puissance de qui sera sauvée et transfigurée la médiation cognitive. Assurément, la rencontre de cet être singulier, de Jésus-Christ né d'une Vierge qui a souffert sous Ponce-Pilate, mort sur une croix et ressuscité le troisième jour, cette rencontre, plus qu'aucune autre, requiert un *sacrificium intellectus*. L'intelligence doit ici et momentanément mourir, c'est-à-dire renoncer à la façon dont elle s'assure de toute chose. Aucun raisonnement ne pourra jamais établir démonstrativement que le Jésus historique, cet homme que nous aurions pu apercevoir sur les routes de Galilée, était le Verbe incarné, et que seul cet être singulier possède la puissance divine salvatrice, la force infinie de Dieu capable de transformer tout mon être et de l'unir à son Être-Vérité. C'est pourquoi, acceptant cette rencontre avec le Christ et le témoignage de l'Église sur sa réalité invisible et divine, l'intelligence entre dans l'obscurité de la foi et doit renoncer à s'assurer, par elle-même, et selon son mode propre et ordinaire, du sens de sa démarche et de son bien-fondé. Mais l'obscurité de la foi n'est pas la déroute de l'intelligence, elle n'est pas ce trou noir de l'être où s'ensevelit toute lumière intellective sans espoir de retour. Elle est au contraire semblable à l'obscurité de la nuit au sein de laquelle seul se révèle le scintillement des étoiles. Autrement dit, la foi propose à la conscience cognitive de faire l'expérience d'un « objet » très particulier : comme tout autre objet réel – plus que tout autre – il échappe dans son être même à la visée cognitive dont il constitue cependant le terme, c'est-à-dire la fin – *actus fidei non terminatur ad enuntiabile sed ad rem*, dit S. Thomas ; mais, comme nul autre objet, il promet à la connaissance l'accomplissement de sa visée cognitive : ensevelie avec le Christ, l'intelligence ressuscite avec Lui dans la lumière du Verbe pascal.

La situation de l'intelligence dans l'acte de foi n'est donc pas totalement différente de celle qui est la sienne dans la connaissance des objets empiriques. Au reste, l'objet de foi comporte souvent, lui aussi, un mode empirique de connaissance : le Christ pouvait se voir et se toucher, une hostie consacrée se voit et se touche. Le plus souvent, cependant, ce mode de connaissance est moins « substantiel » et plus symbolique. Mais qu'il s'agisse d'une présence réelle ou d'une présence par symbole, l'objet empirique de la foi ne diffère pas de tout autre objet : il est saisi par nos sens et conçu par notre pensée. D'autre part, tout comme dans n'importe quel autre objet, il recèle en lui un « mystère », une dimension impénétrable, irréductible à la connaissance que nous en avons : son exister extra-mental – substance individuelle d'Aristote, ou en-soi kantien. Mais ici, une différence radicale se fait jour : l'exister extra-mental des objets empiriques, lequel fonde précisément leur objectivité, demeure à jamais inconnaissable – du moins à s'en tenir à la connaissance scientifique ordinaire –, tandis que la dimension mystérieuse, la réalité non-visible de l'objet de foi, est surnaturellement connaissable et suprêmement intelligible.

En somme, pour répondre à la question posée, il faut aller jusque-là, il faut aller jusqu'à cette profondeur d'analyse de l'acte de la connaissance empirique. L'acte de la connaissance empirique renferme en réalité un acte de foi très souvent méconnu, bien que Descartes et Husserl l'aient mis en lumière, sans pourtant le nommer comme tel. Tout jugement de réalité outrepasse les données sensibles aussi bien que les opérations de la raison : il exprime une conviction que rien ne justifie *absolument*, mais dont l'habitude nous rend inconscients. C'est un acte de foi implicite. Au contraire, l'acte de foi surnaturel est un acte de foi explicite. La dimension transcendante qui s'attache à la réalité de son objet est posée et visée pour elle-même, en même temps que l'acte par lequel elle est posée et visée est lui-même parfaitement conscient de sa nature « fiduciale ». Ainsi l'acte de foi surnaturel révèle la situation véritable de toute connaissance, et en tant que tel, accomplit les promesses implicites de toute connaissance.

Resterait, évidemment, à démontrer que tel objet est bien véritablement objet de foi, et non un objet ordinaire ou une illusion, que la réalité invisible et salvatrice, dont la foi affirme la présence en lui, est véritable, bref, que la foi en *cet* objet ne se trompe pas. Cette démonstration est assurément impossible : dans sa source, l'acte de foi est une grâce, et la connaissance de son Objet demeure symbolique.

CHAPITRE VI

DES RELIGIONS EN DIALOGUE

La rencontre des religions constitue, selon Mircea Eliade, l'événement culturel majeur de notre temps. C'est, dit-il, un phénomène mondial qui ne concerne plus seulement quelques spécialistes, mais dont toutes les sociétés font l'expérience. Cette rencontre, cependant, si elle est vraiment effective, présente pour les hommes religieux de fortes difficultés : comment expliquer, si Dieu est l'auteur des diverses révélations, qu'Il puisse se contredire ? Parmi les doctrines qui se proposent de résoudre ces difficultés, je voudrais m'interroger sur la réponse, unique en son genre, que propose Frithjof Schuon, sous la forme de ce qu'il appelle la *religio perennis* ou encore la *sophia perennis*. Il ne désigne pas par là ce que Guénon nomme la « Tradition primordiale », c'est-à-dire la Révélation divine qui aurait *existé* à l'aube de l'histoire humaine, et dont la garde serait confiée depuis toujours à la fonction du « Roi du Monde », résidant en la cité souterraine de l'Agarttha. Schuon ne croit pas à l'existence de ce « Roi » ni à celle de l'Agarttha. Selon lui, la « religion pérenne » est une réalité métaphysique présente au cœur de toutes les religions « historiques » en tant qu'elle est leur commune *essence transcendante*. Cette religion transcendante échappe par là même aux limitations formelles propres aux religions historiques et donc à leurs contradictions réciproques. Elle s'identifie à la gnose pure et permet à ceux qui en reconnaissent la vérité d'accéder à ce qu'il nomme l'ésotérisme absolu. Car il ne s'agit pas seulement d'une théorie, mais d'une voie spirituelle, celle dont Schuon estimait être le maître. À l'exposé de cette religion ou sagesse pérenne, il a conféré le plus grand développement, au point qu'elle représente le thème majeur de son œuvre, à savoir : celui de l'« unité transcendante des religions ».

Je voudrais donc m'interroger sur les implications conceptuelles de la doctrine schuonienne envisagée en elle-même, ou plus exactement en tant qu'elle est proposée à la pensée du lecteur. Comment notre intelligence peut-elle en opérer la saisie ? Que se passe-t-il dans mon esprit quand je m'efforce d'en penser le concept ? La réponse à cette question ne peut être qu'une esquisse, étant donné l'étendue et la complexité du problème. Il faudrait, pour le traiter véritablement, savoir ce que c'est qu'une religion, ce que peut signifier l'idée d'une unité des religions, et ce en quoi cette unité doit être transcendante. Un livre serait nécessaire ; le seul concept de religion exigerait de longues discussions où, d'ailleurs, les guénoniens s'affronteraient aux schuoniens, et tous les deux aux historiens : peut-on appliquer le même concept de religion à toutes les manifestations du sacré ? Et ce concept lui-même n'est-il pas tardif dans l'histoire de l'humanité ?

De fait, le mot de *religio*, chez les Latins, désigne la piété, la fidélité, ou « un ensemble d'observances, de règles, d'interdictions, sans se référer ni à l'adoration de la divinité, ni aux traditions mythiques, ni aux célébrations des fêtes » (Brelich)[11]. Il en va de même pour toutes les langues anciennes – grec, sanskrit, latin, hébreu, chinois – avant l'apparition du christianisme : aucune ne possède un terme spécifique pour désigner ce que nous appelons *la* religion. Telle est la situation des cultures humaines sur laquelle il serait bon de méditer avant de parler d'unité des religions.

Il résulte de cette brève remarque que le concept de religion n'apparaît qu'avec le christianisme. *A priori*, on aurait pu penser que l'apparition de ce concept devait nécessairement se produire partout où il serait possible de comparer une pluralité de religions, puisque l'esprit humain n'accède au concept générique qu'à travers l'expérience d'une pluralité d'éléments singuliers du même genre. Or

[11] *Histoire des religions*, Encyclopédie de la Pléiade, t. I, 1970, p. 7.

l'Antiquité païenne a fait l'expérience d'une pluralité de formes religieuses sans en dégager le concept, même lorsque, à l'époque d'Alexandre, elle a pris contact avec l'hindouisme et le bouddhisme. Dans ces conditions, comment rendre compte de l'apparition du concept de religion, à l'époque chrétienne, sans admettre qu'avec le christianisme surgit une « forme » religieuse en laquelle se révèle l'essence supra-formelle de toute religion ? L'expérience que les chrétiens font de leur propre religion, en tant que religion, les met à même de comprendre la nature des autres formes religieuses et révèle d'abord qu'il s'agit bien de formes plus ou moins parfaites de l'unique religion qui, comme le dit saint Augustin, existe depuis le commencement du monde et qui s'est enfin révélée en Jésus-Christ. De ce point de vue, la doctrine de l'unité des religions est proprement chrétienne, et n'a été formulée expressément que par le christianisme. Sans doute estimera-t-on qu'on la retrouve aussi en Orient. Je crois pourtant que ce qu'on qualifie ainsi relève, à bien des égards – pas à tous –, d'une interprétation « chrétienne » de phénomènes ou d'attitudes assez différentes.

Ainsi, la lumière du soleil chrétien révèle la nature religieuse des autres formes du sacré. Par là même, les constituant en religions, il était inévitable qu'elle en vînt à les considérer comme de possibles rivales. La lumière que le christianisme projette sur toutes les formes révélatrices du divin est en effet renvoyée sur lui et le constitue à son tour en « religion parmi d'autres ». D'où la nécessité, pour la religion chrétienne, de se situer par rapport aux religions non chrétiennes et de les situer par rapport à elle.

Il semble qu'on peut distinguer trois façons de caractériser cette situation, lesquelles, d'ailleurs, peuvent se combiner. Ou bien on considère que les religions existantes sont des restes de la révélation primitive diversifiée sous l'effet des réinterprétations humaines que lui ont imposées les diverses cultures ou le génie de quelques individualités puissantes. Ou bien on estime que les religions sont des œuvres purement humaines, produit de la religiosité naturelle ou résultant d'autres facteurs. Ou bien on y voit l'œuvre du diable.

Ces trois hypothèses me paraissent vraies à quelques égards. Toutes les religions sont porteuses d'éléments primordiaux, comme le prouve l'universalité de certaines vérités et de certains symboles. Toutes les religions sont riches de créations humaines et sont affectées par les conditions culturelles, sociales, économiques et autres de leur développement. Enfin, aucune religion n'échappe aux atteintes du démon, et même pas la chrétienne, comme l'enseigne la parabole du bon grain et de l'ivraie.

Cependant chacune de ces thèses se heurte à une difficulté. La troisième suppose que Dieu peut se laisser adorer et prier à l'aide de formes enseignées par le diable, trompeur si puissant qu'il peut satisfaire, par une illusion invincible et indécelable, le besoin religieux le plus profond de toute l'humanité depuis les origines – à l'exception du peuple hébreu et des chrétiens. La deuxième hypothèse confère à la nature humaine une capacité créatrice hors de proportion avec l'ampleur des phénomènes religieux et l'originalité spécifique de chaque religion. La première solution est évidemment la plus cohérente avec l'ensemble des données du problème ; toutefois, elle ne rend pas compte du fait que certaines grandes religions, outre les éléments primordiaux qu'elles comportent, apparaissent aussi comme fondées par un révélateur, dont l'existence et le rôle historiques sont hors de contestation, je pense au Bouddha et au Prophète Muhammad. On peut ignorer ce que signifie la mise en branle, par la prédication du Bouddha, de la roue du *Dhama* – la Loi religieuse ; quand on a compris ce qu'elle veut dire pour des centaines de millions d'êtres humains qui ont pris refuge près du Compatissant, il devient extrêmement difficile de n'y voir que l'effet d'une imposture. J'en dirai autant de la prédication du Prophète Muhammad, et bien que je n'ignore pas, entre autres, les travaux du Père « Hanna Zacharias » (en réalité : G. Théry).

Il faut donc, me semble-t-il, ajouter à cette thèse de la révélation primitive l'hypothèse d'une intervention divine, directe ou indirecte – c'est-à-dire angélique –, à l'origine historique de chaque religion, même si cette intervention peut revêtir des formes pour nous bien déroutantes. L'acceptation ou la reconnaissance de l'origine éventuellement céleste des religions n'entraîne de soi aucun relativisme ni aucun syncrétisme ; car ici vaut le principe : chaque religion est, d'une certaine manière, incomparable. Mieux est, pour un chrétien, de considérer les religions non chrétiennes comme l'œuvre du diable, que de tomber dans un indifférentisme du genre : toutes les religions se valent.

On m'objectera, sans doute, qu'il est des cas où les religions, loin d'être incomparables, se comparent elles-mêmes les unes aux autres et généralement pour se contredire. Ainsi le Bouddha enseigne l'impermanence de l'*atman* – terme qui désigne en sanskrit la personne immortelle et divine, et que l'on peut rendre par « le soi » –, s'opposant ainsi à l'hindouisme qui affirme la permanence et la réalité transcendante de l'*atman*. Ainsi Shankara combattra le bouddhisme jusqu'à son élimination de l'Inde[12]. De même le Coran rejette la Trinité chrétienne au nom de l'Unité divine (IV, 171 ; V, 73), ainsi que la divinité du Christ (IV, 172 ; V, 17, 72-78 ; IX, 31-32) qui en est inséparable. Puisque Dieu ne saurait se contredire, il faut donc récuser la nature révélée de l'une ou l'autre doctrine. À moins de supposer, ou que le Coran ne rejette pas vraiment ces vérités chrétiennes, ou que la révélation chrétienne ne les enseigne pas réellement. Or, s'il est possible, à l'extrême limite, d'admettre que la Trinité chrétienne n'est pas expressément et adéquatement visée par l'interdiction coranique (« ne dites point : « Trois ! » Cessez ! »), on ne saurait supposer, ni que l'islam ne nie pas la divinité de Jésus-Christ – Dieu n'a pas de fils –, ni que l'Évangile ne l'enseigne expressément – le Verbe fait chair est Dieu.

La contradiction, sur ce point et telle qu'elle est posée, me paraît insoluble. Reste à en chercher la signification. Il me semble que celle-ci n'a de chance d'apparaître que si l'on accepte l'idée d'une hiérarchie des révélations, et donc que si l'on cesse de les juxtaposer sur un même plan. De même qu'il peut y avoir différents degrés d'intensité dans la lumière, de même la Parole révélatrice

---

[12] La racine indo-européenne d'*atma* se retrouve dans le grec *atem*, le souffle – *cf.* « atmosphère », la sphère du vent du souffle, c'est-à-dire de l'« esprit » – et, en allemand, *der Atem*, le souffle, et *atmen*, respirer.

peut exprimer plus ou moins explicitement le Mystère divin en fonction des différents besoins humains. À prendre les choses le plus objectivement possible, force est d'ailleurs de constater que ce n'est pas le christianisme qui rejette le dogme fondamental de l'islam – pas de dieu hormis Dieu ; au contraire, il l'affirme clairement – *credo in unum Deum.* C'est donc l'islam qui ne « comprend » pas la révélation du Christ, ou qui n'en comprend que ce qui s'accorde avec sa propre perspective : Jésus, fils de la Vierge Marie, messager de Dieu. De ce point de vue, on pourrait dire que l'islam représente ce que l'abrahamisme « exotérique » peut reconnaître du mystère christique, et que le judaïsme avait rejeté ; comme si Dieu ne pouvait pas permettre que le monothéisme abrahamique demeurât entièrement aveugle au Soleil christique. À sa manière incomplète, il lui rend hommage, et donc indirectement, le confirme puisqu'il en parle expressément.

Un chrétien peut ainsi comprendre la semi-négation – qui est aussi une semi-affirmation – du Christ par l'islam. Cette épreuve terrible qu'est pour le chrétien l'apparition d'une religion explicitement post-christique revêt alors une double signification : elle lui rappelle d'abord la force irrécusable de l'exigence monothéiste dont l'islam est le témoin et que rien ne saurait atténuer ; mais lui enseigne aussi l'insondable profondeur du mystère christique, insondable puisque tout se passe comme si Dieu avait dû tolérer son voilement momentané aux yeux d'une partie des « croyants ». C'est qu'aussi ce mystère est « parousiaque », puisqu'en lui se réalise la parfaite immanence du divin à l'humain, réalisation anticipée et salvatrice du moment final où « Dieu sera tout en tous ». En vérité les chrétiens, du moins ceux qui ont revêtu le Christ, n'appartiennent pas au « siècle présent » : ils appartiennent déjà à l'éon futur, au « huitième jour » du monde. Mais, trop souvent, pour nous aussi, chrétiens, cette vérité est voilée, en sorte que l'islam réalise une certaine « vérité de fait » de l'attitude de certains chrétiens à l'égard du Christ, *celle-là même que l'hérésie arienne a failli imposer à toute la chrétienté.*

Si j'osais pénétrer le mystère des voies seigneuriales, je dirais qu'il était en quelque sorte impossible que le christianisme fût l'ultime religion, celle de la fin des temps, parce qu'il signifie nécessairement la restauration intégrale de la création dans la gloire : ce que saint Paul appelle la parousie, la *parousia*, la « présence totale ». C'est le sens le plus profond de la manifestation christique, et c'est ainsi que le comprenaient les premiers chrétiens pour qui la fin du monde était imminente. Or, cette restauration ne s'est pas encore produite, au moins selon le temps : nous attendons la seconde venue du Messie. Et cependant elle est aussi accomplie dans la personne du Christ : « Avant qu'advienne Abraham, Je suis ». L'avènement du Christ est donc la révélation suprême et définitive du mystère de Dieu : tout ce qui, de Dieu, est révélable, est accompli dans le Christ, c'est-à-dire récapitulé – non pas aboli – et porté à sa plus haute perfection. Ainsi, les autres révélations ne sont pas niées, mais elles sont assumées et définitivement transcendées dans la Personne du Verbe fait chair. Toutefois, ce qui est vrai du Christ ne saurait l'être, au même titre, de la religion chrétienne. La religion chrétienne est « en voie de réalisation », sa tâche est de christifier le monde ; si cette tâche était accomplie, la religion chrétienne aurait cessé d'exister.

Ainsi, la religion chrétienne est à la fois plus et moins qu'une religion. Plus qu'une religion parce que centrée sur le mystère du Christ, unité transcendante de toutes les révélations, et donc parce que, en ce sens, la « forme » chrétienne dépasse toutes les formes et, par là même, est révélatrice de la « forme religieuse » en tant que telle. Mais aussi moins qu'une religion, parce que ce dépassement entraîne une sorte d'incapacité relative à se constituer véritablement en forme historiquement existante : le christianisme est toujours plus ou moins « mal à l'aise » ici-bas ; fût-ce dans ses réussites les plus triomphantes. La nature prophétique du christianisme, qui résulte de la nature parousiaque ou eschatologique de la manifestation du Christ, et qu'on retrouve dans tous les éléments de cette religion – ainsi de l'eucharistie qui « annonce la mort du Seigneur jusqu'à ce qu'Il revienne » (Co., XI, 26) –, cette nature prophétique « autorise » l'existence terminale d'une autre forme religieuse qui, en tant même que forme, réalise une sorte de synthèse minimale et stable de la forme religieuse comme telle : la religion réduite à sa forme. Le christianisme est terminal et indépassable parce qu'il représente la réverbération prophétique dans l'âge présent, de la lumière parousiaque, quand surgira dans sa gloire la nouvelle Jérusalem ; il en est ici de l'éternité au rebours de ce qu'il en est de l'espace-temps : alors que nous parvient, encore aujourd'hui, la lumière naturelle d'étoiles disparues, nous recevons, dès à présent, la lumière surnaturelle de la future Apocalypse. Et l'islam est terminal parce qu'il représente la forme la plus simple du théisme sacré originel. Et sans doute, à sa manière, prépare-t-il l'humanité pour la seconde venue du Messie, puisque l'islam aussi annonce cet événement, la « descente de Jésus » à la fin des temps (*Nuzûl 'Isâ*).

J'ai dit : « si j'osais ». Je n'ignore pas en effet le caractère conjectural, et donc éminemment fragile, de ces sortes de considérations. Scruter les intentions divines à l'aide d'une logique humaine, n'est-ce pas vouloir se mettre à la place de Dieu, et plus précisément encore de la *Sagesse* divine ? J'en suis conscient et je demeure convaincu qu'il y a, dans la pluralité des religions, un mystère impénétrable, le secret de Dieu, ce que l'Écriture appelle « le secret du Roi ». Mais je vais dire une chose qui paraîtra surprenante : nous ne pouvons pas faire autrement. Penser, c'est toujours se mettre à la place de Dieu, c'est toujours essayer de voir les choses comme Dieu les verrait, au moins sous le rapport de leur nécessité intelligible. C'est donc aussi courir le risque de se tromper, et ce risque est inéliminable. Dans la mesure où la pensée pense vraiment, c'est-à-dire où elle est autre chose qu'un *fonctionnement* – éventuellement mécanique – selon des catégories préétablies, dans cette mesure, elle « travaille sans filet », « à ses risques et périls », puisqu'elle n'est garantie que pas sa propre loi.

Ainsi, penser la pluralité des religions, c'est toujours spéculer sur les intentions divines, qu'on nie ou qu'on affirme leur origine révélée. Toutefois, si la pensée est seule et originelle dans son acte – nul ne peut penser à ma place –, elle est aussi toujours seconde dans son actuation : penser, c'est réagir spéculativement à un donné, et nous pensons toujours à partir de quelque chose. Autrement dit, notre pensée n'est pas créatrice de son objet. Cette situation de la pensée nous ne devons pas l'oublier, sinon nous tombons dans la démesure. Ainsi dois-je me souvenir que lorsque je pense la pluralité des religions, c'est à partir de l'expérience des religions existantes, et en particulier, de la religion qui est la mienne et à partir de laquelle s'est formée en moi l'idée de ce qu'est la religion. C'est pourquoi je dois, sous peine d'*hybris*, m'efforcer de penser l'origine divine des révélations à partir de l'indépassable condition que constitue pour moi la révélation du Christ. Et j'ai tenté de montrer que ce n'est pas impossible. Sinon, et nécessairement, je me mets au-dessus de la religion existante, la seule que je connaisse et qui me soit donnée et, je m'arroge ainsi la place de Dieu : non pas peut-être la place de Dieu créateur, mais assurément la place de Dieu salvateur : au-dessus des religions, il n'y a que Dieu, ou les Anges, ses serviteurs, obéissants ou rebelles.

Je suis ainsi très réservé quant à l'emploi de l'expression « unité transcendante des religions ». Car, ou bien cette unité n'est qu'une autre manière de désigner Dieu comme auteur des grandes religions, ou bien cette unité, transcendante aux religions, mais distincte de Dieu, *est posée en elle-même*, comme une super-religion dans laquelle toutes les religions historiques trouvent leur unité. Dans le premier cas, que j'appellerai « unité apophatique des révélations » – apophatique signifiant ici : ineffable –, on énonce simplement le fait que l'on croit à une source divine des manifestations du sacré, sans qu'il soit humainement possible d'en réduire la multiplicité à l'unité d'une même doctrine. Dans le second cas, qu'on pourrait appeler « unité cataphatique » – cataphatique signifiant ici : qui possède la nature d'une affirmation, c'est-à-dire d'un énoncé positivement formulable –, on s'engage à définir le contenu intelligible de cette religion transcendante. Et de cela découlent quelques conséquences qu'il importe de souligner.

Tout d'abord, puisque par définition, une vraie religion est une révélation divine, en formulant la *religio universalis*, on s'arroge la fonction de Dieu révélateur, qu'on en ait conscience ou non. À moins, bien sûr, que cette *religio universalis* ait été elle-même révélée par Dieu et que nous ayons seulement à en prendre connaissance. Mais, s'il en est ainsi, nous n'en savons rien – cette hypothèse correspond au fond à la « mythologie » guénonienne d'un dépôt de la Tradition primordiale dans l'*Agarttha*. À défaut, nous sommes condamnés à élaborer nous-mêmes le contenu doctrinal de cette *religio universalis*. Cette élaboration ne peut être l'œuvre que de l'intelligence humaine. On peut assurément qualifier l'intellection de « révélation subjective », il y a là cependant un glissement de sens, sinon un abus de terme : l'intuition intellectuelle n'est une révélation que selon une certaine analogie et ne possède pas l'efficacité salvatrice d'une religion révélée. Quoi qu'il en soit, quand on prend connaissance des formulations de cette doctrine religieuse universelle, on constate qu'elle ne dépasse pas les capacités de la simple raison s'efforçant de dégager le concept général de religion, comme le font d'ailleurs des sociologues ou des philosophes. Hegel, à cet égard, offre bien des ressemblances. C'est la deuxième conséquence : l'intelligence humaine substituée à la Sagesse divine et constituant une *sophia perennis*[13].

Une troisième conséquence est que, l'unité une fois posée et doctrinalement formulée, on est contraint de montrer, par une étude comparative, comment les diverses doctrines religieuses peuvent effectivement se réduire à cette unité, c'est-à-dire comment peuvent être surmontées les contradictions et les discordances inhérentes à leur diversité. C'est ici qu'apparaissent, concernant le christianisme,

---

[13] Rappelons que Pascal disait déjà, en un autre langage : « Toute religion est fausse qui, dans sa foi, n'adore pas un Dieu comme principe de toutes choses, et qui, dans sa morale, n'aime pas un seul Dieu comme objet de toutes choses » (Br. 487). Pour Hegel, la religion c'est « la conscience de l'Absolu véritable », ou encore « la conscience de Dieu », ce qui implique, d'une part, le discernement entre le vrai et le faux Absolu, et, d'autre part, l'union spirituelle du sujet humain à cet Objet absolu ; on sait d'ailleurs que pour Hegel, cette union, ou peut-être cette identité, ne se réalise pas dans la religion elle-même, qui en reste au niveau des représentations symboliques, mais seulement dans la pure transparence de la connaissance philosophique, parlant même à ce sujet d'ésotérisme. (*Encyclopédie des sciences philosophiques*, 2552). Sur Hegel, voir *Problèmes de gnose*, L'Harmattan, 2007, pp. 75-113.

des difficultés que pour ma part, je crois insurmontables. Je voudrais en dire un mot pour terminer.

Dans la comparaison des religions entre elles, et le dégagement de leur fonds commun et transcendant, il est requis de faire abstraction de la contingence particularisante de chacune d'entre elles, par quoi elles sont proprement irréductibles les unes aux autres, ainsi que de leurs « âmes », ou ambiances animiques respectives, par quoi elles se distinguent phénoménologiquement les unes des autres, pour ne considérer que ce que chacune d'elles dit d'essentiel. Si, en effet, on devait aussi faire abstraction de ce qu'une religion dit d'essentiel, de son message le plus fondamental, alors cette unité des religions équivaudrait à leur destruction. Ainsi, par exemple, on fera abstraction de la contingence particularisante que constitue pour le bouddhisme le fait historique de la personne de Shâkyamuni ou, pour l'islam, de Muhammad, ainsi que de leurs « climats spirituels » respectifs. Restera leur contenu profond, en lequel, en effet, on peut admettre qu'ils se rejoignent, le *nirvâna* n'étant au fond rien d'autre que l'extinction de tout ce qui s'affirme illusoirement comme réel en dehors du seul Réel : il n'y a de Dieu que Dieu.

Or, le christianisme ne me paraît pas pouvoir être soumis au même traitement sans être instantanément détruit comme tel dans ce qu'il a de plus essentiel. Le Buddha, Lao-Tseu, Muhammad peuvent être distingués, et sont distingués, du message dont ils sont porteurs sans que le message soit altéré : autre le message, autre le messager ; bien qu'il y ait évidemment un rapport étroit entre l'un et l'autre : à certains égards l'islam s'identifie au Prophète. Mais, dans le cas du Christ, le message, c'est le messager lui-même. Ici la contingence historique particularisante en tant que telle est donnée comme l'absolu de la révélation. Tout le christianisme consiste à croire que Jésus-Christ est l'incarnation unique du Fils unique de Dieu. Sans doute, la plupart des religions s'affirment-elles comme la révélation unique – ou définitive – de la Vérité. Mais, une fois cette affirmation mise de côté, reste tout l'essentiel. Une fois ôtée l'affirmation de Jésus-Christ, Fils unique, il ne reste du christianisme qu'une morale spiritualiste, un « évangélisme ». Toutes les religions ont dit, sous une forme ou une autre, que Dieu était Père ; toutes ont dit, sous une forme ou une autre, que Dieu est Esprit. Aucune n'a jamais dit : *Dieu est Fils.* Et cette affirmation est constitutive du message essentiel et central du christianisme, puisque le Fils est, par lui-même, la révélation du Dieu Trinitaire : si Dieu est Fils, alors Dieu est aussi Père, non seulement au sens analogique des autres religions, en tant que « Père » des hommes et de toute créature, mais aussi en un sens propre et tout à fait précis, en tant que Dieu engendre éternellement Dieu.

Je ne dis pas cela, du moins il me semble, par « confessionnalisme religieux », et par refus sentimental de « relativiser » l'incarnation du Verbe en Jésus-Christ. Je le dis parce que je crois qu'il y a là, objectivement, une difficulté. Relativiser les fondateurs de religion, les *avatâra* de l'Inde, les prophètes abrahamiques, ce n'est pas les nier. Eux-mêmes autorisent ou impliquent une pluralité d'envoyés. Chacun d'eux est un porte-parole d'un unique message. Mais, dans le Christ, la Parole elle-même se fait homme et s'identifie à celui qui la porte. Jésus se donne lui-même pour la manifestation comme telle de Dieu-Fils comme tel. Sans doute est-il porteur d'un message qu'à cet égard on peut distinguer du messager et qui garde son sens et sa valeur intrinsèques. Mais ce message est second relativement à la personne du Christ. C'est par son incarnation même, non par ses discours, que le Christ *est* l'exégèse du Père (Jn., I, 18).

Il en résulte une sorte de « christianisation » de l'Absolu sous la forme du mystère trinitaire. À ma connaissance, les autres religions ne « déterminent » pas l'Essence divine dans son aséité. Elles déterminent la forme de notre relation à Dieu, au Principe suprême – ce qui implique évidemment une certaine « présentation » de Dieu et détermine un « Visage » divin – mais, du Principe en soi, elles ne disent rien, ou presque rien : Il est l'Un, ou Un, l'Être, la Réalité pure, le Créateur et le Rémunérateur, en sorte que ce Dieu-principe est aussi peu hindouisé ou islamisé que possible. Ainsi comprend-on que l'âme, dans son ascension spirituelle, soit amenée à dépasser la forme religieuse, comme telle, pour entrer nue dans la connaissance informelle de l'Un. Au contraire la détermination trinitaire de l'Essence divine prolonge la « forme » chrétienne au-delà du domaine de la relation homme-Dieu : comme si elle « dogmatisait » au niveau de l'Absolu lui-même[14]. Et cela n'est pas intégrable dans le concept positif de l'unité des religions.

On peut évidemment considérer, du point de vue de cette unité positive, que le « trinitarisme » chrétien est une « erreur » métaphysique, la traduction exotérique d'une vérité transcendante mal comprise, ou comprise en fonction des limitations d'une certaine mentalité et, qu'en réalité, la révélation scripturaire – le Nouveau Testament – n'imposerait nullement ce dogme. C'est en effet la seule solution possible pour intégrer le christianisme dans l'unité transcendante des religions. Mais il est clair alors que ce n'est pas le christianisme qui est « intégré », c'est l'*arianisme*. C'est pourquoi le christianisme est en fait la seule religion dont Schuon juge nécessaire que soient critiqués et réinterprétés les dogmes les plus fondamentaux – Trinité, incarnation, eucharistie, etc.[15] –, afin de les rendre intégrables dans le système de l'unité transcendante.

Estimant cette réinterprétation incompatible avec les données de la Tradition et de l'Écriture, je ne peux adhérer à la conception positive et cataphatique de l'unité des religions, pour m'en tenir à une conception apophatique. La qualification de « transcendantale » lui conviendrait sans doute mieux, d'ailleurs, que celle de « transcendante », dans la mesure où transcendantal désigne, en philosophie, ce qui dépasse toutes les catégories sans constituer soi-même un genre.

Sans doute les considérations ici exposées entraînent-elles certaines conséquences concernant le christianisme lui-même – et pas seulement l'unité transcendantale –, et que, par exemple, il n'est pas essentiellement une « forme » religieuse au sens ordinaire du terme : d'où l'importance de l'*Église* – phénomène unique en histoire des religions – comme substitut de cette forme qui, à certains égards,

---

[14] Tout en distinguant soigneusement le point de vue de l'Essence une et celui de la Trinité des personnes ; *cf.* notre livre, *Amour et Vérité*, L'Harmattan, 2011, pp. 227-229.

[15] *Logique et transcendance*, Éditions Traditionnelles, 1970, pp. 97-117, chapitre « Évidence et Mystère ».

lui fait défaut ; d'où aussi une sorte d'indifférence à l'égard des formes sacrées, qui semble congénitale au christianisme.

Maintenant, peut-on réduire simplement la *religio perennis* à la définition du concept de la religion en général ? Assurément non, répondront les schuoniens : le concept de religion est une abstraction, la *religio perennis* est une réalité transcendante. Elle est la religion en tant que telle, en laquelle toutes les religions particulières trouvent leur unité véritable. C'est la religion universelle, celle qui correspond à la nature de l'homme comme tel, et donc au contenu de son intelligence. Elle est ainsi au-dessus des autres religions et s'identifie à la pure métaphysique en tant que *sophia perennis*. Celui en qui s'est actualisée la conscience de cette *sophia perennis*, le gnostique, ne peut pas ne pas relativiser les religions positives, soulignant leurs limitations dogmatiques. De ce point de vue, les religions sont des « mythologies salvatrices » – la formule est de Schuon – nécessaires, eu égard à la diversité – donc aux limitations – de chaque humanité, mais ce sont aussi des prisons dans lesquelles un vrai métaphysicien, le voudrait-il, ne peut se laisser enfermer. Je ne mets nullement en doute les intentions qui président à la formulation de cette doctrine : elles sont différentes de celles qui animent un philosophe, un sociologue, un historien, cherchant à définir le concept de religion. Encore conviendrait-il de réserver le cas du philosophe – Hegel, par exemple – en définissant le concept de religion entend bien aussi définir la vraie religion et non pas décrire seulement des données de faits.

Certes, l'idée de Dieu en moi, la conscience de l'Absolu véritable, pour parler comme Hegel, est un mode authentique de la présence de Dieu dans ma pensée, une théophanie intérieure, la « marque de l'Ouvrier (divin) sur son ouvrage », dit Descartes. Mais, et je retrouve ici ce que j'ai dit à propos de la foi et de l'intelligence, cette présence « spéculative » ne devient opérative et ontologiquement salvatrice, que si j'entre avec mon être dans l'obscurité de la foi, et si j'opère ma conversion en elle, car rien ne peut faire que je ne sois, non un pur être intellectif, mais un être individuel et contingent qui, en tant que tel, ne peut se passer de la grâce.

La théorie de la *religio perennis* ne nous met donc pas en présence de l'unité véritable des religions, c'est-à-dire d'une unité qui contiendrait en elle, à l'état virtuel, les formes des diverses révélations, à la façon dont la lumière « blanche » contient en elle le spectre des diverses couleurs. Cette image est d'ailleurs quelque peu trompeuse. Je peux bien obtenir les diverses couleurs par décomposition de la lumière blanche, mais je ne peux, de même, obtenir les diverses religions par décomposition de la *religio perennis* : pour « obtenir » le christianisme ou l'islam, je dois attendre qu'ils se soient historiquement manifestés. Si je reprends le symbolisme de l'arc-en-ciel, donc de la lumière solaire sextuplement décomposée par la pluie, je dirai ceci : le rayon solaire correspond à l'irradiation révélatrice de la connaissance de Dieu ; la pluie correspond à la descente miséricordieuse de sa volonté salvatrice ; lorsque son irradiation cognitive rencontre le rideau de pluie de sa volonté salvatrice et brille à travers lui, alors se dessine l'arc – ou l'arche – des six couleurs, qui est aussi l'arc des religions unissant miséricordieusement le Ciel et la terre. Il y a ainsi un arc bleu, rouge, ou jaune ou vert, orangé, violet, mais il n'y a pas d'arc de lumière « blanche ». Il faut en outre considérer la mise en œuvre de ce symbole dans l'Écriture Sainte : il s'agit, on le sait, du signe divin de l'alliance noachique, laquelle représente la nouvelle Loi pour toute l'humanité post-diluvienne. Or, on peut constater que la manifestation visible et initiale de cette nouvelle Loi, en laquelle sont réunies symboliquement toutes les religions de la terre, déploie d'emblée une multiplicité de couleurs, et non l'unité informelle de la lumière « blanche ».

Un autre point doit être maintenant souligné, non moins important que le précédent ; il concerne non la nature de la *religio perennis*, envisagée en elle-même, mais la position de supériorité qui lui est attribuée relativement aux autres religions. Cette *religio* serait celle, nous dit-on, de l'Homme primordial, expression objective du contenu même de son intelligence en tant qu'elle connaît toutes choses et la Réalité absolue. Autant l'Homme primordial est supérieur à l'homme déchu, autant la *religio* primordiale est supérieure aux religions historiques, lesquelles n'en représentent que des limitations. Or, cette affirmation est inacceptable pour un chrétien, et même, semble-t-il, pour la raison, car la grandeur du secours divin est nécessairement proportionnée au degré d'éloignement de l'être à secourir. Quoi qu'il en soit, la révélation chrétienne enseigne, par S. Paul[16], et par toute sa doctrine liturgique et théologique, que l'œuvre de la rédemption est plus grande que l'œuvre de la création, et que l'état spirituel que nous confère le nouvel Adam est supérieur à celui de l'Adam primordial, bien que nous lui demeurions cosmologiquement inférieurs – perte des dons préternaturels. La *religio christiana* est donc supérieure à la *religio adamica*.

Reste le fait de la pluralité des religions. Est-il possible de concevoir, du point de vue chrétien, une théologie de cette pluralité ? Pouvons-nous reconnaître l'origine divine et l'efficacité salvatrice des autres religions ? Il me semble que oui, même si nous avons la certitude que le christianisme réalise, plus que toute autre, ce que doit être la religion, et même si nous ne pouvons pas être absolument assurés de l'origine révélée de telle religion déterminée. Je dis oui parce que, si l'on accepte vraiment de considérer les diverses formes religieuses en elles-mêmes et telles qu'elles se donnent, de les considérer sans préjugés et sans arrière-pensées, il est impossible d'admettre que Dieu ait pu laisser des milliards d'hommes, durant des milliers d'années, se fourvoyer en toute bonne foi, et pratiquer en vain des rites imaginaires et peut-être sataniques, tout en croyant s'adresser à l'Être suprême. Que l'on songe aux innombrables vies humaines, depuis l'origine de l'humanité, qui ont voué et consacré leurs efforts, leurs peines, leur amour à la Divinité, selon le langage et les gestes de leur propre tradition, et Dieu, du haut du Ciel, regardant tout cela avec compassion sans doute, mais aussi avec réserve, et les laissant persévérer dans leur illusion religieuse. Si encore l'humanité avait été universellement athée, en dehors de la révélation judéo-chrétienne ! Mais l'humanité est universellement religieuse.

Je crois donc que Dieu n'a pas laissé l'humanité sans moyens de grâce et de salut, ni sans enseignements doctrinaux. Ces enseigne-

[16] 1.1, Co., 15, 45.

ments et ces moyens de grâce trouvent peut-être leur origine dans la révélation primitive, ou encore dans des révélations de nature angélique, Dieu ayant préposé à la guidée de chaque peuple un ange particulier (Deut., XXXII, 8). Ces thèses me paraissent conformes à ce qu'exige le principe de la « volonté salvifique universelle de Dieu », principe reconnu par la théologie la plus orthodoxe.

Toutefois, on ne peut concevoir l'incarnation du Christ sur le modèle des *avatâra* de l'Inde, qui sont des êtres humains supports du divin. Ainsi, Rama et Krishna, les plus célèbres « descentes » de Vishnou, furent des êtres semi-légendaires en qui réside une puissance divine, plutôt que la personne même du Dieu, puissance qui leur permet de remplir leur fonction de restaurateurs du *dharma*. Leur humanité est, par elle-même, indépendante de leur divinité. C'est pourquoi, elle doit manifester cette divinité de « l'extérieur » : ce sont des princes, des guerriers valeureux, des êtres fabuleux, qui accomplissent des prodiges. C'est pourquoi aussi, en tant qu'hommes, ils sont sujets aux désirs et aux passions des autres hommes, comme à leurs errements et à leurs aventures : ils aiment, combattent et enseignent. Dans le Christ, on peut dire que, d'une certaine manière, la divinité ne se « révèle » pas. Sauf en quelques occasions, le Christ ne manifeste pas sa puissance divine : ce n'est ni un prince glorieux, ni un chef de guerre ; mais son humanité est intrinsèquement parfaite, elle n'est pas l'instrument extrinsèque d'une fonction avatârique. D'autre part, le Christ enseigne peu, si l'on compare, par exemple, avec l'enseignement de Krishna dans la *Bhagavad Gîta*. Mais il *est* Dieu. « Qui m'a vu, a vu le Père ». Il sauve, non par sa puissance, mais par son *être même*. C'est pourquoi, pour accomplir sa « mission », il doit payer de son être même : son action, c'est sa « passion ». Ce qu'il donne au monde, c'est lui-même, en tant que tel, son être nu, pur et simple. Je ne connais aucun analogue en histoire des religions.

C'est pourquoi l'argument schuonien, exposé dans *De l'unité transcendante des religions*, selon lequel la multiplicité des formes manifestantes du Divin découle nécessairement de l'impossibilité d'une manifestation unique de l'Infini dans le fini, est à la fois évident et fragile. Évident : aucune forme limitée ne saurait exprimer adéquatement, et cela par définition, l'Illimité. Mais fragile aussi parce que la multiplicité des affirmations ne l'exprime pas plus adéquatement. Autrement dit, il n'est pas certain qu'on doive poser la question en ces termes. D'ailleurs les religions, en général, reconnaissent que d'autres révélations les ont précédées – par exemple, les premiers versets de l'Épître aux Hébreux –, ce qui ne les empêche nullement de se considérer comme le couronnement terminal de *la* révélation. D'autre part, le christianisme n'a jamais prétendu que la forme chrétienne exprimait adéquatement la totalité de l'Infini divin. Ce qui signifie, qu'il ne s'agit pas pour lui d'une question d'expression formelle de l'Infini dans le fini, mais plutôt d'un lieu d'enracinement en Dieu, de la ponctualité d'un ici-maintenant, par la grâce duquel est conférée la filiation divine. « Qui m'a vu a vu le Père » ne signifie pas que la forme christique est la seule forme visible à manifester, adéquatement, la plénitude de la divinité, car, d'une part, multiples sont les formes révélatrices de Dieu (« *multifariam multisque modis olim Deus loquens* », He., I, 1), et, d'autre part, plutôt qu'un mode d'affirmation de l'Infini divin dans la finitude terrestre, l'incarnation du Verbe, en Jésus-Christ, est un mode de négation, d'anéantissement, dit S. Paul : « Lui qui subsistait dans la condition divine, il s'est anéanti » (*héauton ékénôsen, semet ipsum exinanivit*, Phil., II, 7). C'est pourquoi, considérant les formes avatâriques de l'Inde, le chrétien est enclin à y voir le témoignage de la manière dont l'homme imagine naturellement un être divin, quand il cherche à se le représenter vivant parmi nous, tandis que l'incarnation du Christ lui paraît dérouter complètement notre imagination spontanée. Les combats et les victoires de Rama et de Krishna, ça peut s'inventer ; mais la passion et la mort de Dieu sur la croix des malfaiteurs, ça ne s'invente pas ; et, de fait, ça n'existe nulle part ailleurs. Le chrétien échappe difficilement à l'impression que tous les révélateurs religieux, prophètes et êtes divins, se ressemblent peu ou prou, alors que le Christ, mis à part quelques traits communs à d'autres histoires sacrées, ne ressemble à personne.

Au fond, le mystère de l'origine, directement et radicalement divine des autres religions, me demeure relativement impénétrable. Je ne peux ni affirmer cette origine, ni la nier. La métaphysique offre une clef trop universelle. Elle est certes indispensable pour comprendre les messages religieux, c'est même là sa tâche essentielle. Mais, sur le fait comme tel, elle ne dit rien. Seule la foi nous le fait connaître.

Ainsi, je m'efforce de combiner deux attitudes qui ne soient pas directement contradictoires, parce qu'elles ne se situent pas sur le même plan. D'une part, je respecte le mystère intérieur de chaque religion, en le reconnaissant comme mystère irréductible, comme un secret entre chaque religion et Dieu, en évitant de ramener cette mystérieuse pluralité à l'unité d'une théorie, donc en pratiquant à ce sujet une sorte d'apophatisme. D'autre part, je peux aussi comparer les *formes* religieuses les unes aux autres, sachant bien qu'une telle comparaison porte nécessairement sur des éléments formels, non sur le cœur de chaque révélation. Reste que, si la première condition de l'accueil d'une autre religion, c'est d'être un accueil *religieux*, alors, je ne peux y parvenir qu'à l'aide du christianisme, car c'est lui qui m'a appris ce que c'était qu'une religion, qui a fait de moi un être religieux, qui a engendré en moi un lieu d'écoute religieuse. Par la foi chrétienne, je sais au moins ce que c'est que la Parole de Dieu, et je comprends au moins que c'est de Dieu que parlent ces religions.

CHAPITRE VII

MIRCEA ELIADE OU DU BON USAGE DU « PAGANISME »

J'ai mentionné au début du chapitre précédent l'opinion de Mircea Eliade qui voit dans la rencontre des religions l'événement culturel majeur de notre époque. Il me semble que c'est surtout un événement occidental, car, jusqu'ici, les religions païennes d'Asie ou du Proche-Orient n'ont pas rencontré la religion chrétienne. Cette opinion nous éclaire autant sur Eliade lui-même que sur le devenir des civilisations, ayant été lui-même l'un des « lieux » de cette rencontre.

Incontestablement, il peut être regardé comme un grand historien des religions, non seulement par l'étendue de son savoir et de ses lectures, que rendait possible une prodigieuse puissance de travail, mais surtout à cause d'une sympathie exceptionnelle avec les manifestations du sacré les plus diverses, ce qui confère à ses écrits un dynamisme communicatif, qui va très au-delà de la simple curiosité érudite ou de la collection quelque peu ennuyeuse de faits disparates. À cet égard Eliade ne ressemble pas du tout au type classique de l'historien des religions tel que le forment les universités européennes : ce n'est donc pas chez lui qu'il faut chercher l'érudition la plus poussée, laquelle requiert une spécialisation étrangère à son propos, et peut-être à sa nature.

Mircea Eliade est avant tout le metteur en scène magistral des phénomènes religieux. Avec lui, la rencontre des diverses religions sur la terre d'Occident cesse d'être une affaire de spécialistes pour devenir un événement de la culture contemporaine, et même, pense-t-il, l'événement majeur de notre histoire culturelle. Cette phénoménologie des religions implique la mise en œuvre d'une interprétation générale des éléments fondamentaux – mythes, symboles, gestes, etc. – de l'univers religieux : l'arbre, le soleil, la lune, la terre, la naissance et la mort, les anges et les démons, et ainsi de suite. Eliade étudie donc un thème « transversalement », à travers des contextes religieux différents avec, pour clef herméneutique, l'idée que l'homme est un être religieux par nature.

Le chrétien, en le lisant, découvrira d'autres mondes religieux et d'autres expériences, ce qui enrichira son « idée » de l'homme religieux, et éclairera aussi certaines données du christianisme. Toutefois, Mircea Eliade me laisse insatisfait dans la mesure où il se contente, pour expliquer le religieux, d'une étiologie *psychologique* : l'angoisse et l'imaginaire. Ce n'est jamais un métaphysicien ni un théologien. Chrétien orthodoxe lui-même, ses exigences dogmatiques m'ont toujours paru assez vagues. On s'est d'ailleurs beaucoup interrogé à ce sujet : Eliade est-il un chrétien caché ou un païen pré-chrétien ? Il a fortement le sens du sacré cosmique. Mais ce qu'il écrit sur les origines du christianisme et l'histoire du Christ dans le tome II de son *Histoire des croyances et des idées religieuses* est extrêmement décevant.

Cependant il nous rappelle un fait culturel que le chrétien de tradition méconnaît ou qu'il oublie volontiers, quoiqu'il soit de première importance, non seulement au regard des faits historiques, mais aussi au regard du christianisme lui-même et de sa compréhension véritable. C'est que le christianisme est apparu dans un monde saturé de sacré, et ce sacré du monde païen, cet attachement du monde païen aux différentes manifestations du sacré a été utilisé par les Apôtres comme introduction à la foi chrétienne. Que l'on songe – il faut toujours y revenir – au discours de S. Paul à l'Aréopage : « Vous êtes, dit-il aux Grecs, le peuple le plus religieux[17] de la terre ». C'est donc bien qu'il voit dans ce sens du sacré le terrain le plus favorable à la réception du message du Christ. Mais, évidemment, la foi chrétienne n'est pas la religion païenne. Passer de l'une à l'autre

[17] « Le plus superstitieux », dans le latin de la Vulgate.

implique une certaine rupture. Toute l'histoire du christianisme porte la trace, plus ou moins dramatique, de cette rupture. Car ma conviction est que sans « paganisme », sans l'« évangile des sources et des bois » le christianisme ne peut pas « vivre ». Fondamentalement, la crise actuelle trouve l'une de ses causes dans l'épuisement de la sève païenne dans la civilisation occidentale. Je ne peux qu'effleurer ce point que je conjuguerai à la question de la fonction du sacré au sein de la Tradition catholique : le sacré indissociable de la Tradition.

Mais d'abord, qu'est-ce que le sacré ? Le sacré, peut-on dire, est la qualité de ce qui est, dans le monde, *séparé* du monde et marqué du sceau de son appartenance au divin. Il est une reprise de possession d'une réalité terrestre par une réalité céleste. Ainsi séparée et marquée par un rite consécratoire explicite ou implicite, la réalité sacrée est le lieu de la présence des « dieux » ou de Dieu ici-bas et le moyen de leur action parmi les hommes.

Le paganisme possède, aux dires même de saint Paul, ce sens du sacré, celui de l'inhabitation cosmique du divin. La foi chrétienne, par rapport au sacré païen, se présente comme une intériorisation et une spiritualisation radicales de la relation à Dieu. Le moment est venu où l'on n'adorera plus Dieu dans le Temple et sur la montagne, mais « en esprit et en vérité » (Jn., IV, 24). Au nom de cette intériorisation, des théologiens modernes, surtout protestants, ont nié que le christianisme fût une religion, et l'ont réduit à la foi pure. L'idée d'un temps sacré, d'un espace et d'un monde sacrés leur paraissait étrangère à l'essence de la révélation chrétienne. Cette thèse, fausse en elle-même, exprime cependant, en le déformant, un trait majeur de la voie christique qui, en tant que forme religieuse parmi d'autres, offre des aspects très déconcertants. Elle est à la fois plus et moins qu'une religion : plus, à cause du processus d'intériorisation qu'elle propose à chaque âme dans son chemin vers le Transcendant ; moins, à cause de son absence de législation politico-sociale révélée – mon Royaume n'est pas de ce monde. La révélation du Christ implique cependant un cosmos sacré en tant que le Verbe se fait chair et revêt un corps semblable au nôtre. Il faut bien que le temps, l'espace et le monde soient « capables » de recevoir en eux l'inhabitation divine, puisque le Fils de Dieu y a « planté sa tente » (Jn., I, 14).

Sinon, l'incarnation ne serait pas plénière et totale et l'on revient au docétisme. Ou bien le monde, le cosmos, est purement et simplement ce que le matérialiste scientifique nous en dit, et alors les miracles de la vie du Christ – telle l'Ascension – sont rigoureusement impossibles ; ou bien l'on admet qu'il y a, dans la nature même du cosmos, une potentialité sacrale actualisée par la venue du Christ en lui. On peut aussi, il est vrai, se contenter d'affirmer que ces miracles sont exclusivement et intégralement l'effet de la puissance divine, ce qui est incontestable, mais conduit au surnaturalisme et relève du fidéisme. Tôt ou tard, ces deux attitudes conduisent à la négation de l'incarnation, comme on le voit dans certaines dérives du luthéranisme. Tel est le premier intérêt, théologique, d'une reconnaissance des diverses manifestations du sacré.

Le second intérêt est relatif à la liturgie, autrement dit à l'art sacré. Admettre qu'il y a une potentialité sacrale objective du cosmos, c'est affirmer qu'il y a, dans le monde, des êtres, des relations, des qualités cosmiques propres à entrer dans un processus de sacralisation, et donc propres à exprimer les réalités divines et à en communiquer la vertu, et d'autres qui le sont moins ou pas du tout. L'art sacré – dont la liturgie est le centre –, c'est-à-dire la mise en forme, à l'aide des éléments du monde, des réalités supra-formelles et supra-mondaines, en un mot « surnaturelles », l'art sacré, dis-je, implique donc la possession d'une science objective, parfaitement rigoureuse, que l'on doit appeler la science sacrée du symbolisme. Aucune science aujourd'hui n'est plus méconnue. Tout le monde est persuadé que les formes liturgiques sont affaire de sensibilité et de génie. *Rien n'est plus faux*. En réalité, la production des formes liturgiques obéit à des lois rigoureuses, dont la connaissance paraît entièrement perdue. Il suffit de comparer une cathédrale gothique ou un alléluia grégorien à une église moderne, même « géniale », ou à un alléluia moderne, même mozartien, pour s'en rendre compte.

La rencontre avec les religions païennes de l'Antiquité ou de l'Orient a donc beaucoup à nous apprendre. Mais cela n'est pas vrai, seulement au point de vue cosmologique, voire théologique. Les religions non chrétiennes peuvent nous éclairer aussi quant à la voie spirituelle, tout au moins pour ce qui est des concomitants psychologiques que comporte tout parcours spirituel. Il peut donc être utile et révélateur de prendre connaissance d'autres spiritualités dans la mesure où cela est possible, c'est-à-dire dans la mesure où l'on peut accéder à une information authentique et où l'on est apte à la comprendre. En ce qui me concerne, une certaine connaissance de voies et d'expériences spirituelles non catholiques et même non chrétiennes ont approfondi et enrichi ma vie spirituelle. Les multiples visages que les hommes ont tournés vers Dieu révèlent aussi les multiples visages que Dieu a tournés vers les hommes. Il y a là une véritable culture spirituelle par laquelle s'éveille en nous et s'éduque le « sens de Dieu ». Cette culture, l'expérience – livresque, en général – des voies non chrétiennes a contribué à la former en moi. La lecture et la méditation des enseignements de Ramakrishna ou de Ramana Maharshi m'ont instruit sur moi-même et sur le mystère de l'âme en quête de l'intériorité divine. Le livre de Herrigel sur *Le Symbolisme du tir à l'arc dans le bouddhisme zen* m'a appris quelque chose d'*essentiel* sur la vérité de l'effort spirituel, le renoncement intérieur et le miracle de la grâce accomplissant la nature, que je n'ai pas trouvé ailleurs, bien que cela existe nécessairement ailleurs. Chaque voie spirituelle est comme une œuvre musicale unique et originale. On peut se satisfaire d'une seule musique. Il me semble pourtant qu'apprendre à en écouter plusieurs et à les aimer ne peut que nous aider à prendre une conscience plus vive de l'ampleur et de la profondeur de l'espace sonore ; de même pour le sens de Dieu et la multiplicité des chants que son amour a suscités parmi les hommes.

Mais ces expériences de Dieu que j'apprenais à connaître n'étaient pour moi ni des tentations ni des rivales menaçant mon adhésion à la voie chrétienne. Je n'ai jamais ressenti le besoin d'affirmer la prévalence de ma voie au spectacle des autres : mon amour du Christ n'était pas comparatif. J'étais émerveillé par la beauté et la vérité des autres formes, en elles-mêmes et pour elles-mêmes par rapport à Dieu, non par rapport à moi. C'est, si l'on veut, de l'esthétique spirituelle.

C'est précisément pourquoi je suis opposé en tant que catholique, à toute *pratique* d'une méthode spirituelle étrangère à la Tradition catholique. Car là, il ne s'agit plus d'esthétique spirituelle, bien qu'elle ait encore, évidemment, son rôle à jouer. Il s'agit d'engagement de l'être personnel dans la voie de la recherche de Dieu. Je peux respirer les parfums des autres voies et m'en enchanter ou m'en instruire. Mais il est impossible de marcher à la fois dans plusieurs sentiers. Existentiellement, je ne connais qu'un seul chemin, celui de Jésus-Christ. Et des autres voies, en vérité, je ne connais rien ; de ce qu'elles permettent de vivre en profondeur et en intériorité, je ne sais rien, et je ne peux le savoir. Nous jugeons, de l'extérieur, en fonction de tel ou tel critère doctrinal objectif, et c'est normal et justifié ; nous apprécions, en fonction de telle ou telle sensibilité spirituelle, et c'est inévitable. Mais le secret que Dieu murmure à l'oreille de ses autres adorateurs – s'il en est –, nous ne pouvons l'entendre.

C'est que, en réalité, ce secret lui-même me fonde dans mon unicité : je ne suis un que dans l'Un et par l'Un. C'est pourquoi nul ne peut pratiquer deux voies à la fois. Dieu s'est donné à moi en Jésus-Christ, totalement, sans réserve, sans rien garder pour lui, si j'ose dire – comme S. Paul. Ce don me fonde en unicité si en retour je me donne à lui, si je m'engage tout entier à son service. Car mon existence est unique, et si l'acte spirituel ne va pas jusqu'à l'exister, s'il n'engage pas l'exister radicalement, jusqu'à sa racine ontologique, il ne sera jamais acte spirituel. Ce n'est pas mon intelligence ou ma sensibilité qui ont besoin d'être sauvées : la vérité et la beauté accomplissent ce miracle chaque fois que je les rencontre. Mais c'est mon *être* qui a besoin d'être sauvé, et cela, personne d'autre que moi-même ne peut le vivre à ma place. Et faire ce salut, c'est se donner soi-même à l'Unique qui se donne à nous.

Il ne me semble même pas souhaitable pour un catholique de suivre une voie hésychaste. La lecture des *Récits d'un pèlerin russe* a été déterminante dans ma vie de prière. Elle m'a fait découvrir un mode de prière dont je n'avais aucune idée et qui cependant, répondait à une attente inconsciente. Mais, autant que je puisse en juger, la pratique hésychaste de la « prière de Jésus » suppose des conditions – en particulier la guidée d'un père spirituel – qui sont très difficiles à trouver. Et je ne parle pas des différences de sensibilité ou d'ambiance culturelle qui sont très importantes, mais point telles cependant qu'elles ne puissent être surmontées. Il peut même arriver que l'âme d'une religion – ou d'une voie – parle à l'âme d'un homme et le séduise. Mais, précisément, notre engagement spirituel ne peut répondre à la seule sollicitation d'une ambiance religieuse, au désir de jouir à son tour du charme de telle ou telle forme, de faire des « expériences » plus ou moins exotiques. Un tel « libertinage religieux » – et c'est à dessein que j'emploie ce terme – est aux antipodes de la vérité de l'esprit. En y succombant – et la chose est plus fréquente qu'on ne le pense – on se condamne à demeurer au niveau « esthétique », et à rechercher des sensations pseudo-spirituelles toujours nouvelles. Alors que la monotonie des formes longtemps pratiquées contraint l'âme à la sobriété et au dépouillement. Et c'est seulement ainsi, dans ce silence et cette nudité, qu'elle peut atteindre à son niveau le plus profond, là où l'être personnel est touché en son cœur. Qui n'a pas compris cela, qui n'a pas compris que le cœur de l'être humain n'est atteint et engagé que dans un don unique à l'Unique, celui-là courra toute sa vie de formes en formes, en quête du secret qu'elles lui paraissent recéler ; mais à ce mendiant perpétuel et infidèle, chacune ne livrera que son parfum le plus léger, sa parure la plus extérieure, sa grâce la plus passagère, et peut-être la plus trompeuse.

IIème Partie

ÉSOTÉRISME

CHAPITRE VIII

ÉSOTERISME – EXOTÉRISME : LES ENJEUX DE L'HERMÉNEUTIQUE

« Herméneutique » est un mot grec. Il désigne la science qui étudie les principes et les règles de l'interprétation de l'Écriture sainte – alors que l'exégèse désigne l'ensemble des pratiques qui mettent en œuvre les principes et règles de l'herméneutique et les appliquent à l'explication d'un texte particulier. Le sens du terme peut être étendu plus ou moins largement à toute stratégie interprétative par laquelle nous conférons une signification déterminée à un donné quelconque, qu'il s'agisse d'un texte ou de toute autre chose : je peux interpréter un rôle, un personnage, un morceau de musique, mais aussi une situation, mon existence, un vécu quelconque, une émotion, un sentiment, une relation humaine, une douleur, etc. À la limite, l'herméneutique se confond avec l'existence humaine en tant que l'homme est l'être du sens, c'est-à-dire l'être qui ne peut entrer en relation avec quoi que ce soit – chose, individu, acte, signe, etc. – sans lui donner un sens. La donation de sens peut s'engager, très sommairement, dans deux directions que l'on qualifiera d'*exotérique* si elle renvoie à une signification immédiate ou littérale, communément reçue, ou d'*ésotérique* quand elle renvoie à une signification non évidente ou non explicite.

Étymologiquement, le mot « ésotérisme » évoque, en grec, une idée d'intériorité approfondissante – *ésotérikos* signifie approximativement « plus à l'intérieur » –, de même qu'« exotérisme » évoque une idée d'extériorité – *exoterikos* peut avoir une signification purement locale : ce qui est à l'extérieur, au dehors. Au sens non local ou non « géographique », le terme ne peut guère qualifier qu'une certaine manière « plus intérieure » de comprendre les choses et les paroles, par opposition à une manière plus extérieure. On voit par là qu'« ésotérique » et « exotérique » ne peuvent être que des modes comparatifs de compréhension, c'est-à-dire des modes herméneutiques. Évidemment, par dérivation, ils peuvent s'appliquer aussi à ce qui est l'objet d'une telle herméneutique, et donc qualifier un mode d'expression et non plus un mode de compréhension. *Ésotérique* qualifiera alors un texte, une doctrine, des signaux, des gestes dont le sens est difficile à déchiffrer, ou qui exige, pour être saisi, une « initiation » réservée à quelques-uns. Mais cela ne change pas le rapport de l'ésotérisme à l'herméneutique, car tout mode d'expression est d'abord un mode de compréhension : exprimer, ce n'est pas seulement *désigner* une chose, un objet, mais c'est *en dire* quelque chose, en dévoiler le sens – ou un sens –, et donc, c'est l'interpréter, comme je l'ai montré dans *Histoire et théorie du symbole*[18].

Cela admis, reste qu'il me paraît préférable de réserver le terme d'ésotérisme à ce qui est en relation avec le sacré au sens large, c'est-à-dire de le réserver à ce qui concerne non seulement le divin, mais aussi l'anthropologie et la cosmologie sacrées. C'est du moins ainsi que je l'emploie. Mais il faut bien admettre qu'on assiste aujourd'hui à une inflation dans l'usage de ce terme – tout langage technique est qualifié ironiquement d'ésotérique, ce qui le condamne à l'insignifiance.

« Ésotérique » et « exotérique » qualifieront donc deux modes de l'herméneutique du sacré, quelles que soient les formes qu'il revêt. Je veux dire par là qu'on doit envisager comme relevant de l'herméneutique non seulement la lecture des textes sacrés, mais aussi la vie sacrale dans tous ses aspects : vie rituelle, prières, symbolisme liturgique, arts sacrés, voies spirituelles, etc. Il y a, d'une part, le donné sacré, ce que j'appelle parfois le *revelatum*, et, d'autre part, l'homme qui entre en relation avec cet Objet, qui va se l'assimiler – autant que possible – selon son propre mode de réceptivité. Or, par là-

[18] 3ème édition, Coll. Théôria, L'Harmattan, Paris, 2015.

même que ce donné est sacré, c'est-à-dire qu'il s'agit d'une manifestation directe ou indirecte du Transcendant, il dépasse dans son contenu ce qui est de l'ordre de l'humain et du naturel, bien que, par sa forme, il en fasse nécessairement partie, sinon, évidemment, il ne pourrait être connu et reconnu.

Toute forme sacrée dit plus que ce qu'elle est. L'essence qu'elle exprime est plus que son existence sensible ou mentale. À la limite, et dans la mesure où cette essence se rattache à l'Essence du Principe suprême, elle est proprement infinie et déborde toute saisie herméneutique : Dieu dit plus que toute parole ne peut dire. On voit par là que l'orientation ésotérique fait partie de toute herméneutique du sacré, elle en est une exigence constitutive, et n'est rien d'autre, dans son principe, sinon dans tout son développement, que la conscience d'un au-delà du sens immédiat ou apparent, celui que la forme signifie par elle-même, dans sa position parmi d'autres formes : l'ésotérisme, est la conscience – et donc la recherche – d'un *surplus sémantique*. Inversement, l'exotérisme consistera à réduire le sens caché ou non-manifeste au sens manifeste, c'est-à-dire à l'effet de sens que la forme produit par elle-même, dans le monde des formes, sur l'intelligence humaine qui en prend connaissance. De ce point de vue, il n'y a pas d'ésotérisme ou d'exotérisme absolus : l'un comme l'autre sont des *visées* herméneutiques : l'ésotérisme, c'est l'herméneutique en tant qu'elle vise à ramener, à reconduire l'existence formelle à l'essence ; l'exotérisme, c'est l'herméneutique en tant qu'elle vise à réduire l'essence à l'existence de sa manifestation formelle. Ce sont donc des tendances, non des aboutissements. L'herméneutique la plus exotérique participe déjà de l'ésotérisme, en tant même qu'herméneutique, puisque toute interprétation, la plus humble, est déjà débordement du donné premier par le sens. Autrement dit, c'est la présence de l'esprit humain, en acte d'herméneute parmi les choses, qui instaure par lui-même la perspective ésotérique comme telle. Mais, inversement, toute interprétation ésotérique participe d'un certain exotérisme et subit sa loi, dans la mesure où elle part toujours d'une forme visible et donnée à tous, et où elle s'efforce elle-même de se *dire* et de se formuler extérieurement pour exprimer les vérités les plus hautes.

Des milliers de lecteurs de Guénon sont ainsi persuadés, grâce à cette lecture, d'être en possession du sens réel et définitif de la révélation du Christ. Pourvus de ce savoir, ils s'estiment délivrés du devoir d'obéissance au magistère doctrinal de l'Église, laquelle relève à leurs yeux de l'ordre exotérique. Mais, bien sûr, il s'agit de cet ésotérisme « formel », de cet ésotérisme érigé en catégorie, de cette « langue de bois » de l'ésotérisme constitué en savoir défini et codifié, et qui a oublié qu'il n'était encore qu'un point de vue sur quelque chose qui le dépasse, qu'il n'était en somme qu'une herméneutique, celle de l'esprit humain s'efforçant de déchiffrer les signes de l'Esprit divin et, par là-même, de se déchiffrer lui-même : car l'Esprit parle à l'esprit, et seul l'esprit entend sa voix.

C'est donc la présence de l'Esprit dans les formes du *revelatum* qui fonde la nécessité de la voie ésotérique ; mais c'est l'existence, dans l'homme, de l'esprit, seul capable d'assentir la transcendance supra-formelle de cette présence, qui en fonde la possibilité. Qu'on n'oublie jamais, cependant, qu'il ne s'agit que d'une voie, ou, si l'on préfère, d'une perspective qui n'existe que dans la mesure où elle est effectivement mise en œuvre, c'est-à-dire où l'esprit humain y est réellement engagé : l'ésotérisme n'est pas quelque chose qui existerait en soi, à la manière d'un être substantiel – pas plus que l'exotérisme d'ailleurs – et l'on ne saurait l'identifier en toute certitude de manière *positive*, ni en désigner objectivement le « lieu ».

Sans doute faut-il admettre qu'il existe, inévitablement, une « grammaire » de l'ésotérisme, dans la mesure où l'ésotérisme est amené à se dire, et donc à se constituer en discours pour pouvoir se communiquer. Cette grammaire, et donc ce savoir constitué, comportent nécessairement des énoncés conceptuels de nature doctrinale et métaphysique, ainsi que des éléments de science sacrée, de nature linguistique, mathématique, cosmologique, symbolique, etc., dont la connaissance est plus ou moins indispensable pour mettre en œuvre une herméneutique vraiment ésotérique du *revelatum*. Car l'esprit humain ne déchiffre les signes de l'Esprit divin – sauf exception – qu'à l'aide de l'intelligence et de la connaissance qu'il a des procédés qu'utilise le *revelatum* pour se manifester. Discerner et comprendre les « chiffres » de l'Esprit suppose qu'on en sache lire les signes et donc qu'on les a *appris*. À cet égard, il est certain que l'œuvre de Guénon fournit l'essentiel de ce qu'on peut savoir en matière de sciences ésotériques. Et c'est peut-être là son apport le plus précieux. Il y a donc, si l'on veut, un ésotérisme formellement identifiable. Et je n'ai jamais songé à le nier. Mais de tels exposés du savoir ésotérique – indispensables – ne sont pas sans danger. Platon, je l'ai rappelé, s'est toujours refusé à mettre par écrit (*cf. Lettre VII*, 341 c-d) de tels enseignements. La raison majeure n'est pas tant qu'on dévoilerait alors des connaissances dangereuses par elles-mêmes ou « subversives », mais bien plutôt qu'on donne, à ceux qui reçoivent ces connaissances, des raisons de s'enorgueillir et du même coup, de fermer leur cœur à la lumière de l'Esprit. Et ce danger mortel, ce « péché contre l'Esprit », est véritablement presque impossible à éviter. C'est alors que l'exotérisme s'empare de l'ésotérisme et le réduit au maniement de quelques formules. On voit ainsi des intelligences pleines d'érudition, habiles à combiner les savoirs les plus rares, à opérer les rapprochements les plus suggestifs, donner des leçons d'ésotérisme – guénonien ou non – avec l'assurance, sinon même avec l'arrogance de qui ne voit pas plus loin que le bout de son nez, et mépriser, en toute « objectivité », les profanes que leur défaut de qualification rend aveugles à d'aussi sublimes considérations.

L'existence de l'ésotérisme ne serait-elle pas cependant contraire à l'enseignement le plus clair de l'Évangile et donc du christianisme ? C'est assurément la conviction la plus générale. L'enseignement du Christ est un enseignement public[19]. Serait-ce à dire que la recherche d'un sens « mystique », comme on disait autrefois, est une entreprise vaine ? En quel sens est-il possible de faire valoir une certaine

---

[19] « Rien de couvert qui ne sera découvert. Ce que je dis dans les ténèbres, dites-le dans la lumière. Ce qu'à l'oreille vous entendez, clamez-le sur les terrasses. Ne craignez pas les tueurs du corps. » (Mt., X, 26-28). Mais « ne donnez pas aux chiens ce qui est saint, ne jetez pas les perles devant les cochons. » (Mt., VII, 6).

nécessité de l'expression ésotérique, et donc d'une herméneutique de même nature ? Le Christ lui-même ne l'a-t-il pas précisé explicitement ? C'est ce que nous voudrions examiner maintenant. Car il se pourrait bien que l'ésotérisme ne se réduise pas à quelque orgueil, désireux de maintenir les non-initiés dont les limites de leur intelligence, mais qu'il soit la seule « stratégie » propre à nous engager dans une lecture vraiment transformante de la Parole de Dieu.

Le Christ déclare en Mt., XIII, 35, reprenant les paroles du Ps. LXXVIII, 2 : « j'ouvrirai ma bouche en paraboles. Je proclamerai les choses cachées depuis le commencement du monde ». Notons-le, il ne s'agit pas de vérités ignorées, mais de vérités *cachées*, c'est-à-dire connues, mais non révélées *ouvertement*. Ainsi se trouve admis par le Christ le fait d'un enseignement *ésotérique* de la Tradition biblique. Se pose alors au philosophe la question suivante : quelle est la raison d'être de cet ésotérisme, c'est-à-dire d'un enseignement secret ? Pourquoi l'accès à la connaissance doit-il être rendu difficile ?

Deux réponses me paraissent possibles, parmi d'autres. Premièrement, et négativement parlant, il y a nécessité d'un enseignement caché parce que « toute vérité n'est pas bonne à dire ». Les capacités de compréhension – non seulement d'intelligence, mais aussi de cœur – sont inégales, et mieux vaut ignorer que mal comprendre. Secondement, et positivement parlant, on ne comprend bien que ce qui s'assimile à notre être. Si la connaissance est un processus – et elle l'est –, ce processus cognitif doit être aussi et en quelque sorte un processus « entitatif », sinon il demeure extérieur à l'être connaissant : il faut que la vérité devienne en moi le fruit de mon propre devenir, que je devienne moi-même ce processus de la vérité advenant en moi. Or, si la vérité est toute faite, totalement là, devant moi, en sorte que je n'ai aucune part à sa formation en moi, une telle union de mon devenir propre avec le devenir de la vérité se formant en moi est évidemment impossible. C'est pourquoi le Christ dit, en S. Jean « celui qui *fait* la vérité, vient à la lumière » (III, 21). La vérité doit être faite, si nous voulons venir à elle et nous y unir. Mais si la vérité doit être faite, c'est qu'elle est à faire, et donc qu'elle n'est pas « toute faite », entièrement dévoilée et révélée. Je dois donc la découvrir, la désocculter, l'approfondir, la pénétrer, la réaliser, l'accomplir, de telle sorte que je me transforme en la formant en moi. Son accomplissement devient un moment de mon propre devenir et s'intègre à mon être : la vérité devient un événement de ma vie.

Au fond, l'idée même d'une révélation exhaustive, qui ne cacherait rien, est un non-sens, une pure et simple impossibilité métaphysique. La vérité n'est totale qu'en elle-même : aucune révélation n'épuise l'intégralité de ce dont elle est la révélation. Et même l'univers dans son immensité ne nous révèle pas l'intégralité du mystère de Dieu dont il est pourtant la révélation. Il y a là quelque chose de caché *depuis la création du monde* et qui le demeure jusqu'à la fin. Mais cette parole du Christ ne concerne pas seulement l'enseignement de l'Ancien Testament, ou même celui du Nouveau Testament. Il concerne le Christ *en* lui-même, (Col., I, 24-28). Ce *mystère* du Christ, l'ésotérisme christique, c'est la révélation du caractère *universel* du Salut qu'Il vient apporter. C'est là, en effet une nouveauté radicale dans l'histoire des religions. Pour autant, et bien que révélé, ce mystère demeure fermé pour la majorité des hommes. Sa découverte constitue, depuis sa manifestation en Jésus-Christ, le moteur de l'histoire humaine : découverte progressive et difficile. Depuis l'avènement de Jésus-Christ, l'histoire humaine est devenue initiatique : elle est le lieu de l'initiation de l'humanité à Jésus-Christ, et là aussi, autant et plus que dans un cheminement individuel, la voie est difficile et lente. On pourrait même penser parfois qu'il s'agit plutôt d'une régression que d'une progression. Mais si le Christ aujourd'hui semble se cacher et devenir d'un accès de plus en plus difficile, c'est peut-être aussi parce qu'il faut que se creuse la place de son absence afin que les peuples s'engagent plus intensément dans la recherche de sa présence. Notre temps vit un effacement de l'image du Christ. Peut-être cet effacement est-il la condition nécessaire en vue d'une prise de conscience plus profonde, plus ontologique, plus enracinée et plus convertissante de son mystère[20].

On est ainsi conduit vers une nouvelle conception de la connaissance symbolique – « nouvelle » en regard de la philosophie moderne – en tant même que l'herméneutique ésotérique s'identifie au fond à l'interprétation symbolique du donné révélé, mais à un symbolisme qui nous ouvre à la réalité plénière et effective de ce donné.

---

[20] L'événement que constitue la révélation du visage du Christ, par inversion du négatif de sa photographie, ne serait-il pas une sorte de remède à l'effacement de sa présence dans l'âme moderne ?

CHAPITRE IX

L'ÉSOTÉRISME EN PHILOSOPHIE PAÏENNE
(NOTE)

La question de l'ésotérisme ne concerne pas seulement l'herméneutique sacrée, comme je l'ai laissé entendre jusqu'ici, mais aussi la philosophie grecque, et de la manière la plus expresse. Cependant, un traitement pertinent et approfondi de cette question exigerait un savoir historique que je n'ai pas. Je me contenterai de quelques remarques. Il s'agit d'ailleurs d'une question classique et qui ne renvoie pas à des documents réservés ou à des interprétations sollicitées. L'ésotérisme en philosophie grecque est un ésotérisme connu, déclaré, et identifiable formellement.

Le premier point à relever, c'est que les *substantifs* « ésotérisme » et « exotérisme » n'existent pas en grec, quoiqu'ils en soient dérivés et qu'ils pourraient exister. Cette absence prouve en tout cas une chose : c'est que la culture grecque n'a pas éprouvé le besoin de constituer l'ésotérisme en une notion générale et de le désigner comme une essence distincte. Cette substantivation ne sera le fait que du XIXème siècle. En revanche, pour qualifier certains écrits d'Aristote, la langue grecque connaît un usage adjectival d'« exotérique », au Ier siècle de l'ère chrétienne. De ce point de vue, il n'y a donc pas d'ésotérisme « en soi », il y a seulement des pratiques philosophiques qui sont qualifiées d'ésotériques. À l'origine, dans l'École d'Aristote, on parlait d'ailleurs plutôt, d'un enseignement « acroamatique » – de *acroama* : enseignement oral. S. Clément d'Alexandrie est le premier témoin d'une distinction officiellement reçue des écrits d'Aristote en « ésotériques », par exemple, la *Métaphysique*, et

« exotériques » – lesquels aujourd'hui sont tous perdus. On peut admettre comme très probable qu'Aristote donnait deux sortes d'enseignement : l'un, réservé à quelques disciples, le matin, où l'on traitait vraiment de philosophie, l'autre l'après-midi, ouvert à tous, où l'on traitait de rhétorique et de questions non-scientifiques. Ici, c'est donc la philosophie – la science philosophique – qui est ésotérique. Il ne s'agit nullement d'un enseignement religieux accompagné d'une transmission de rites. Et cela ne doit jamais être perdu de vue. Au demeurant, il est de fait que la *Métaphysique* d'Aristote – qu'Avicenne, dit-on, avait lu quarante fois sans la comprendre – est d'une lecture extrêmement difficile et exige une sorte d'initiation.

Toutes les Écoles philosophiques de l'Antiquité présentent cette même distinction d'un enseignement réservé et d'un enseignement public. Cette distinction répond d'ailleurs à la nature des choses et n'offre rien que de très naturel. Les problèmes se posent lorsqu'il s'agit de savoir si l'enseignement réservé – ésotérique si l'on veut – est une reprise de l'enseignement exotérique, mais à un niveau plus profond et donc plus difficile, ou si cet enseignement ésotérique dit « autre chose » que l'exotérique, ou peut-être même le contredit, selon une stratégie de la « double vérité » dont on a parlé en d'autres contextes, à propos d'Averroès et de Siger de Brabant, en particulier.

Ces données, que fournit l'histoire de l'École aristotélicienne, valent-elles aussi pour l'École de Platon ? On peut le penser, avec cependant une différence importante : dans l'École d'Aristote l'adjectif « ésotérique » s'applique à une classe d'*écrits* ; chez Platon, il qualifierait un enseignement *oral*, ce qui est plus conforme à la nature des choses. Par définition, en effet, un texte écrit est public et lisible par tous, alors que la parole requiert la présence vivante du maître et des disciples. Du contenu de cet enseignement oral, il existe des témoignages écrits – sinon on ne pourrait rien en dire – rapportés par des auditeurs directs ou transmis indirectement. Aristote est évidemment le premier de ces témoins directs. L'enseignement oral de Platon a été plus ou moins reconstruit par les historiens de l'École de Tübingen[21] à partir des témoignages fragmentaires qui nous en restent. Le symbolisme arithmétique et géométrique y tenait une grande place. Le fond de la doctrine est très nettement conforme à celle qu'exposent les dialogues écrits, ou plutôt à celle qu'ils laissent entrevoir. Chez Platon les différents degrés de l'enseignement ne se contredisent pas. Platon dit toujours la même chose, mais autrement.

Maintenant, y avait-il à l'intérieur de l'Académie, autre chose qu'un enseignement doctrinal ? Y avait-il transmission de rites initiatiques et de pratiques spirituelles ? On est très mal renseigné sur ce qu'on faisait à l'Académie. Platon lui-même est très critique à l'égard des pratiques rituelles et des doctrines que transmettaient les cultes à mystères[22], bien qu'il leur ait parfois emprunté leur langage. Il me semble que, dans ces conditions, il est plus vraisemblable de supposer que c'était la philosophie elle-même qui constituait une véritable voie spirituelle. La dialectique platonicienne n'est pas un simple exercice spéculatif, une activité purement rationnelle : c'est une entreprise qui engage tout l'être – il faut aller à la vérité « *sun holé té psukhé* », dit Platon : « avec toute son âme » – et qui doit conduire à une authentique illumination contemplative.

Il y aurait sans doute bien d'autres aspects à développer, en particulier pour tout ce qui se rapporte au symbolisme mathématique et à la cosmologie sacrée – dont le *Timée* peut nous donner une idée –, et qui faisait sans doute l'objet d'un enseignement réservé. Mais cela demanderait beaucoup de temps et de recherches. Ce qui me paraît le plus probable, en tout cas, c'est que l'ésotérisme platonicien ne consistait pas en un enseignement secret communiqué à de rares initiés, mais en un enseignement réservé et intérieur, dont le but était, non de communiquer des connaissances interdites et mystérieuses, mais d'éveiller chez les auditeurs capables de le recevoir un *esprit d'intériorité*, le sens de la transcendance métaphysique et de l'ineffable.

---

[21] Marie-Dominique Richard, « *L'enseignement oral de Platon* », éditions du Cerf, 1986 : on y trouve résumés les travaux et les résultats de l'École de Tübingen.

[22] *Cf. Ésotérisme guénonien et mystère chrétien*, p.197.

CHAPITRE X

DE L'ÉSOTÉRISME SELON GUÉNON
DERNIER BILAN

Je ne reprendrai pas ici ce que j'ai exposé en détail dans mon livre *Ésotérisme guénonien et mystère chrétien*[23], ainsi que dans *Problèmes de gnose*[24], non plus que ce que j'ai écrit, dans différents articles, sur son œuvre en général. Il me faudrait sans doute revenir sur plusieurs de mes déclarations auxquelles je ne souscrirais plus aujourd'hui, ou du moins qui exigeraient nuances et précisions. Je voudrais seulement tenter de dresser un bilan de ce que je retiens et de ce que j'abandonne de sa conception de l'ésotérisme qui, assurément, est l'une des plus « fortes » de la littérature contemporaine.

Guénon a eu deux mérites en la matière. Premièrement, il a conféré à la notion d'ésotérisme une signification précise et rigoureuse, l'arrachant ainsi à la nébuleuse occultiste – qui n'était pas dépourvue de tout mérite – d'une part, et aux groupements pseudo-ésotériques d'autre part – dont certains véhiculent des influences assez ténébreuses. Ce faisant, il a rappelé aux chrétiens qu'il existait un sens profond et décisif sous le voile des formes symboliques. Rejeter ce sens profond, ce sens spirituel, c'est se priver d'entrer dans l'intelligence du *revelatum* ; ce qui conduit bientôt à ne voir dans ces formes anciennes de la conscience religieuse qu'un amas de superstitions, ou, dans le meilleur des cas, que l'expression plus ou moins naïve d'une mentalité mythologisante irrémédiablement dépassée.

[23] Nouvelle édition, entièrement revue et corrigée : coll. Théôria, L'Harmattan, Paris, 2017.

[24] Coll. Théôria, L'Harmattan, Paris, 2007.

Le cas de l'exégèse historico-critique est à cet égard exemplaire. Faute de considérer le sens spirituel comme *constitutif* de l'Écriture, elle en vient à considérer la quasi-totalité du texte saint, y compris le Nouveau Testament, comme le produit de l'imagination « catéchétique » des scribes juifs d'abord, puis de la communauté des premiers chrétiens ensuite. Guénon ici est indispensable qui montre d'une part que les textes sacrés sont infiniment plus *intelligents,* infiniment plus métaphysiques, que ne le soupçonne le scientisme à courte vue des exégètes modernes ; et d'autre part, que les faits sacrés, que relatent les textes, si symboliques soient-ils, ne laissent pas d'être également parfaitement *historiques*. Dans ce domaine, les perspectives ouvertes par Guénon – mais que l'on peut trouver ailleurs, quoique difficilement – me paraissent d'une importance décisive.

Deuxièmement, Guénon n'a pas fait qu'ouvrir des perspectives et énoncer des principes généraux. Il a montré aussi, sur des points particuliers – en nombre considérable –, ce qu'était une interprétation ésotérique des données d'une tradition. Dans le domaine des langues sacrées (sanskrit, hébreu, arabe), de la cosmologie, de la symbolique universelle, de la géométrie et de l'arithmétique sacrées, de l'organisation des sociétés traditionnelles, etc., il a fourni un ensemble de connaissances, de clefs, d'explications d'une grande justesse, d'une extrême cohérence – parfois excessive –, d'une intelligence qui emporte très souvent l'adhésion. À cet égard, Guénon, si j'ose dire, joue cartes sur table. Il ne se contente pas de faire miroiter des promesses d'interprétations ésotériques, il expose effectivement ces interprétations et les donne à comprendre.

Toutefois quelques réserves s'imposent. Certaines interprétations peuvent paraître discutables, ou d'une ingéniosité qui doit peut-être beaucoup au génie de leur auteur, d'autant que Guénon dédaigne souvent de donner ses références. Les significations qu'il dégage paraissent parfois résulter de la nature des choses et bénéficient donc d'une sorte d'évidence, mais ce n'est pas toujours le cas. Il faut alors le croire sur parole. On sait que c'est là l'une des questions les plus troublantes que pose l'énigme Guénon. Cet homme a toujours affirmé et donne toujours l'impression qu'il transmet un savoir reçu et qu'il ne fait que « réciter » ce qu'il a appris ; d'où le caractère extraordinairement *assuré* de ses exposés, analogue à celui d'un traité de mathématiques. D'où tenait-il ce savoir, qu'on ne repère, semble-t-il, dans aucune tradition connue – du moins pour ce qui est, par exemple, de la doctrine des cycles[25] ? Les plus inconditionnels des guénoniens identifient la source de ce savoir comme venant d'Agarttha, cité mystérieuse où règnerait actuellement le Roi du monde, dépositaire de la Tradition primordiale, et dont Guénon serait le porte-parole missionné pour la fin du cycle – à moins qu'ils ne l'identifient tout simplement au supposé Roi du monde lui-même. Mais alors, comment concilier le caractère d'infaillibilité – que Guénon n'a jamais revendiqué – dont est revêtu nécessairement un tel enseignement, avec les graves erreurs qu'on rencontre dans certains de ses livres. Il n'y a pas seulement le cas du bouddhisme, considéré d'abord comme entièrement hétérodoxe – avant que Coomaraswamy n'intervienne et ne le réhabilite –, il y a aussi celui de la Chine, dont Guénon a affirmé dans *Orient et Occident* qu'elle ne deviendrait jamais *bolchévique*. Dans *Autorité spirituelle et pouvoir temporel*, il fait de Dante le théoricien de la soumission de l'empereur au pape, alors que Dante, gibelin, enseigne – avec S. Paul – que l'empereur est autonome et tient son pouvoir *directement* de Dieu. Connaît-il vraiment le *De Monarchia* en son intégralité ? Et que dire de son jugement sur les mystiques chrétiens, S. Jean de la Croix en particulier, dont il semble qu'il n'ait jamais lu une ligne ! Quant aux Japonais, il nous apprend qu'ils n'appartiennent pas vraiment à la race jaune, etc. Je ne reproche pas à Guénon de s'être trompé, mais de s'exprimer sur tous sujets avec une assurance absolue.

Au demeurant, la lecture de sa correspondance – ce qu'on peut en connaître –, particulièrement avec Coomaraswamy, montre que Guénon s'informe aussi, de manière tout à fait ordinaire, auprès de ses correspondants, sur une foule de questions plus ou moins érudites,

---

[25] *Cf. Formes traditionnelles et cycles cosmiques*, Gallimard, 1970, pp. 13-24.

et s'incline parfois devant le savoir de Coomaraswamy en matière de sanskrit. Ce qui donne à penser qu'une partie au moins de ses connaissances a été acquise par des voies très classiques. Et je rappellerai que, sauf erreur, Guénon n'a cité aucun texte sanskrit dont il n'existait pas à l'époque de traduction anglaise.

Une autre réserve, concernant l'importance de l'œuvre ésotérique de Guénon, me paraît s'imposer. J'ai montré que le terme d'*ésotérisme* était moderne : il date de la première moitié du XIXème siècle. Dans certains de ses aspects, la conception que Guénon nous en présente est également très moderne et proprement inconnue des époques antérieures à 1750 – cette date n'ayant qu'une valeur indicative. C'est en effet à partir de cette époque qu'apparaissent, autour de la Maçonnerie et dans son sillage, un certain nombre d'organisations « initiatiques », toutes revendiquant une origine très ancienne, voire adamique, se prétendant détentrices d'un savoir secret supérieur à toute révélation et s'affirmant capables de communiquer rituellement une « influence spirituelle » propre à conférer à l'initié des pouvoirs ou des états de conscience inconnus des simples mortels.

Guénon est imbu d'une telle conception qui s'épanouit largement au XIXème siècle. Sans doute dénonce-t-il les organisations pseudo ou contre-initiatiques. Mais, authentiques ou non, il s'agit toujours d'*organisations* – en dehors du cadre desquelles Guénon ne conçoit pas que l'ésotérisme puisse exister. Il y a chez lui un goût prédominant pour les classifications simples et tranchées, les mises en ordre définitives, les « rangements immuables », les structures administratives, les fonctions bien établies, les hiérarchies rigoureuses – visibles ou invisibles, connues ou inconnues –, qui trahit la soif d'un pouvoir « théorétique » qui lui permette de tout ordonner et de tout régenter, au moins « sur le papier ». Rien ne l'irrite ou ne le « déstabilise » autant que l'imprévu, le désordre, le contretemps et tout ce qui dérange ses plans ou ne rentre pas dans les catégories et les cadres qu'il a déterminés. C'en est au point qu'il attribue tout retard dans son courrier à des manœuvres de la contre-initiation, ou encore qu'il demandera à sa femme de ne pas changer l'ordre de son bureau après sa mort.

C'est pourquoi il n'envisage l'ésotérisme que sous une forme hiérarchiquement organisée, « administrative » en quelque sorte, avec un centre suprême – l'Agarttha et le Roi du monde –, des centres secondaires régulièrement institués, en communication nécessaire avec le Centre suprême – ce sont les centres initiatiques des grandes religions : Jérusalem, Lhassa, etc., dont dépendent à leur tour les diverses organisations initiatiques régulièrement constituées. Cette conception est évidemment peu compatible avec ce que nous dit le Christ sur la liberté de l'Esprit qui « souffle où Il veut » et dont « tu ne sais ni d'où Il vient ni où Il va ». Elle ne permet pas de comprendre ce qu'il en est pour le christianisme, et peut-être même ne s'applique-t-elle à aucune Tradition sacrée historiquement existante, sauf à la Franc-Maçonnerie dont Guénon a étendu le modèle à toutes les formes initiatiques.

En résumé, je redirai que l'œuvre ésotérique de Guénon est, à certains égards, d'une importance décisive : il a su donner au terme d'ésotérisme un sens véritablement spirituel, l'arrachant ainsi à de multiples contrefaçons ; mais, d'autre part, il n'en a envisagé la réalisation que sous des formes institutionnelles et administratives – le modèle maçonnique ayant, selon moi, joué ici un rôle décisif –, ce qui rend une telle conception dangereuse pour les chrétiens qui y adhèrent : désireux de la retrouver à tout prix dans le christianisme, ils se mettent à la recherche indéfinie d'organisations initiatiques chrétiennes, qui ont peut-être existé ou qui existent peut-être encore, mais qui constituent des voies très particulières, correspondant à la mise en œuvre de « sciences traditionnelles » déterminées qui ne sauraient se substituer – ou se superposer – à la voie spirituelle centrale du christianisme. Malheureusement, la rhétorique guénonienne rend certains chrétiens eux-mêmes aveugles et sourds à la présence de l'Esprit qui se donne à eux dans les sacrements. Ils sont enfermés dans la cage des préjugés guénoniens concernant l'ésotérisme et les conditions de l'initiation et peuvent mourir de soif à côté de la source d'eau vive qui jaillit en permanence de l'Arbre de la Croix.

CHAPITRE XI

ÉSOTERISME ET GNOSE DANS LE CHRISTIANISME

Ma thèse est la suivante : si par « ésotérisme », on entend, suivant le modèle guénonien, une organisation régulièrement instituée, dépositaire d'une doctrine et de rites spécifiques, distincts de ceux de l'exotérisme et réservés à une élite, cet ésotérisme n'existe pas et n'a jamais existé dans le christianisme, pas plus que l'exotérisme. Précisons. Je parle d'un ésotérisme en quelque sorte « officiel », reconnu et central, c'est-à-dire relatif au centre de la voie christique, à ce que le Christ est venu apporter, ce pourquoi il est mort et ressuscité, ce qui fait l'essence même de la « Bonne Nouvelle », savoir : la grâce de la filiation divine, et que résume S. Jean : « à ceux qui croient en son Nom, il a donné le pouvoir de devenir fils de Dieu ».

Autrement dit, il n'y a pas deux Églises, l'Église de Pierre, exotérique, et l'Église de Jean, ésotérique. Le christianisme n'est pas, dans sa structure essentielle, *organisé* en deux parties, l'une extérieure et commune, l'autre intérieure et réservée. Ce n'est pas là, de ma part, une interprétation, mais une constatation que chacun peut faire : il n'y a jamais eu, dans l'Église, l'équivalent de ce qu'est le soufisme en islam. Et qu'on ne vienne pas me dire que je parle de ce que j'ignore, et que l'ésotérisme étant par définition caché, on ne peut, de l'extérieur, en constater l'absence ou la présence. Car il est *a priori* exclu que ce qui constitue le moyen *central* de grâce conduisant à la réalisation spirituelle *intégrale* – et qui donc représenterait la raison d'être fondamentale de la Révélation divine –, il est exclu, dis-je, que l'existence d'un tel moyen de grâce soit rigoureusement invisible et non repérable pour ceux qui pourraient en bénéficier. J'admets qu'on puisse ignorer, de l'extérieur, ce qui se passe « à l'intérieur » d'une organisation ésotérique, mais non pas que l'organisation ésotérique soit ignorée en tant que telle. En islam, tout le monde ou presque connaît l'existence du soufisme – de même qu'en Occident tout le monde connaît l'existence de la Maçonnerie –, ce qui est parfaitement normal ; en Chine, tout le monde peut connaître l'existence du taoïsme, comme au Japon on connaît l'existence du bouddhisme zen, et, dans le judaïsme, l'existence de la kabbale, sans parler de l'existence des cultes à mystères connue de tous dans l'Antiquité. Sinon la recherche d'une voie ésotérique ne serait qu'un misérable et futile jeu de cache-cache. Et je mets au défi quiconque de prouver l'existence, dans le christianisme des origines à nos jours, d'une institution ésotérique *centrale* de type guénonien. Mais cela ne saurait signifier qu'il n'a jamais existé dans l'Église un esprit d'ésotérisme et donc des groupes réservés – et peut-être n'ont-ils pas tous disparu. Ils suivent la même voie centrale que tous les chrétiens, mais selon des modalités particulières propres à leur vocation, et peuvent présenter une analogie avec le modèle guénonien : cette voie unique est celle de la filiation christique.

En effet, l'existence d'un tel esprit et d'une telle exigence d'ésotérisme, c'est-à-dire un esprit d'intériorité et d'approfondissement à la recherche d'une union transformante avec Dieu, d'une union déifiante où se trouve dépassée la littéralité des formes, c'est là, proprement, une nécessité ; et c'est ce qu'on peut appeler l'ésotérisme réel : ésotérisme réel non parce qu'interdit à l'exotérisme, mais parce que désignant la dimension de l'intériorité la plus profonde, à laquelle tous les chrétiens sont appelés en vertu de leur *initiation* baptismale. Cet ésotérisme réel s'identifie à la voie du Christ, purement et simplement, telle que l'Église nous l'enseigne dans ses dogmes et telle qu'elle nous en communique la grâce dans ses sacrements : tout est donné à tous, mais, bien évidemment, tous ne mettent pas en œuvre un tel don. Comme l'enseigne la parabole du semeur, le grain est semé sur toute terre, bonne ou mauvaise.

Que l'Église des premiers siècles ait eu conscience de la nature « ésotérique » de son message essentiel, c'est une certitude historique ; cette conscience a même revêtu des formes explicites aujourd'hui surprenantes, comme le prouve l'existence, jusqu'au Vème siècle inclusivement, de ce qu'on a appelé plus tard, au XVIème siècle, la « discipline de l'arcane », c'est-à-dire l'interdiction pour les non-initiés – les non-baptisés –, d'avoir connaissance du Symbole de foi – le *Credo* qu'on ne pouvait mettre par écrit – ou du *Pater Noster*, ou d'assister à la célébration du Sacrifice eucharistique[26]. Toutefois, deux choses sont à noter : d'une part cette discipline de l'arcane n'a jamais fait l'objet d'un acte officiel d'institution par l'Église, mais se présente comme une pratique plus ou moins observée, non comme une obligation strictement disciplinaire – c'est pourquoi je parle d'ésotérisme *quasi*-institutionnel ; et, d'autre part, *cette règle de l'arcane sépare les baptisés des non-baptisés, mais jamais les baptisés entre eux.* Elle n'institue donc pas une distinction entre baptisés ésotéristes et baptisés exotéristes. Ici, sauf à considérer le baptême comme un rite extérieur, le schéma de Guénon ne s'applique pas.

On est ainsi conduit à la question de la gnose. Car, s'il y a bien eu, dans le christianisme, un enseignement qui se présente avec les caractères de l'ésotérisme, c'est bien celui de ce que Clément d'Alexandrie appelle la gnose, laquelle, nous dit-il, a fait l'objet d'un enseignement secret du Christ à quatre apôtres : Pierre, Jacques, Jean et Paul. Et, pour ma part, je ne vois aucune raison sérieuse de mettre son témoignage en doute. L'enseignement du Christ était d'une telle élévation qu'il n'était guère possible de le donner intégralement et d'emblée à tous, bien que – et Clément d'Alexandrie le confirme explicitement, cette gnose ait été confiée aux « quatre » pour être communiquée à tous les disciples.

Mais avant d'aller plus loin et de tenter de préciser ce que pouvait être cette gnose christique et ce qu'elle est en réalité dans son contenu révélé, il me faut brièvement rappeler ce qu'elle est comme mode de connaissance, en elle-même, et aussi telle qu'on la

[26] *Cf. Ésotérisme guénonien et mystère chrétien*, chap. IX.

présente en histoire des religions, particulièrement dans le christianisme moderne depuis environ le XIXème siècle, car son emploi fait question et ne va pas de soi. Le mot « gnose » est chargé si négativement, dans les milieux chrétiens de droite comme de gauche, qu'il est impossible de l'employer sans susciter un incoercible mouvement de suspicion et de condamnation. Et ce rejet ne fait que s'amplifier. Tout est qualifié de gnose, il suffit de prononcer ce mot pour être taxé d'infamie. Il y a des exceptions. Ainsi le P. Louis Bouyer, a osé écrire un ouvrage intitulé *Gnôsis*. Mais tout le monde n'a pas l'indépendance d'esprit et le savoir du P. Bouyer. Je me suis, quant à moi, retrouvé critiqué à la fois par des guénoniens de stricte obédience et par des catholiques « barruéliens »[27]. J'eusse aimé que les uns et les autres accordassent leurs violons. Mais il est peu probable qu'ils y parviennent.

Reste – c'est un fait incontestable – que S. Paul assurément, et sans doute S. Luc, ont employé le mot *gnôsis* en un sens technique précis, et que la tradition patristique les a suivis. Il est plus facile d'ignorer cette donnée et de se répandre en invectives vertueuses que de la réfuter et d'en tirer les conséquences qu'elle impose. La gnose, dans le langage néo-testamentaire et patristique, désigne un mode particulier de connaissance, celui où la foi en s'approfondissant, commence à devenir intellectualité sacrée, donc autre chose qu'une simple spéculation rationnelle. Elle consiste, au moins à certains égards, dans la *qualité contemplative* de l'intellection théologique, c'est-à-dire dans la capacité qu'a l'intelligence vivifiée par l'amour de contempler les concepts théologiques comme des symboles des Réalités transcendantes et surintelligibles qu'ils rendent présentes à notre esprit. Étant symboles, ces concepts doivent aussi être dépassés, et donc la gnose positive doit se faire gnose négative, « nescience » : mais ce dépassement lui-même s'effectue sous la guidée et dans la ligne du symbole conceptuel.

---

[27] Le jésuite Augustin Barruel (1741-1822) est l'auteur d'une œuvre abondante, contre-révolutionnaire et antimaçonnique, qui sert de référence à certains courants intégristes.

Le mot « gnose » peut aussi être pris, non au sens actif, mais au sens passif ou objectif : ce que l'on connaît. Il peut donc désigner une doctrine ou science nommant les objets plus ou moins mystérieux qu'atteint la gnose en acte. Il arrive ainsi, et non rarement, que l'on puisse parler de ce qu'on ignore en réalité : c'est là la « gnose qui enfle » et qui n'est rien au regard de la charité.

Il se trouve enfin que beaucoup d'orgueilleux et d'hérétiques, fascinés par l'*aura* mystérieuse qui entourait ce mode de connaissance, en ont usurpé l'usage et se sont désignés eux-mêmes comme des « gnostiques », mais il s'agit de revendications individuelles. J'ai montré en effet, dans une étude, « La gnose au vrai nom »[28], que cet adjectif n'a jamais qualifié une secte, un mouvement, une école, mais un *état spirituel* qu'on prétend posséder, et au nom duquel on peut se croire affranchi des règles morales et de la loi commune.

Il était sans doute imprudent d'employer un terme aussi compromettant et aussi compromis. Mais je ne le regrette pas. Ce n'est pas moi, c'est toute la Tradition chrétienne qui a nommé *gnôsis* l'intelligence de la foi, particulièrement celle qui jaillit, sous la grâce du Saint-Esprit, à la lecture de l'Écriture Sainte. Et c'est d'abord S. Paul qui « considère tout comme une perte auprès de la gnose suprême de Jésus-Christ, mon Seigneur » (Phil., III, 8). Il faut bien que cette connaissance soit autre chose que la connaissance ordinaire ; et qu'elle soit autre chose non seulement dans son objet, ce qui est évident, mais aussi dans son mode, c'est-à-dire en tant que connaissance. Sinon, il n'y aurait aucune différence *intrinsèque* entre l'intelligence d'un athée et celle d'un croyant lorsque tous les deux font de la théologie. Sans doute, l'intelligence est-elle une dans son essence, mais elle ne l'est pas dans ses modes d'actualisation. Le chrétien moderne ignore cette distinction des modes. Il dit bien que la foi est une connaissance, mais, luthérien de fait, lors même qu'il se veut catholique, il ne croit pas vraiment à cette dimension cognitive de la foi, à l'acte propre de l'intellect dans la foi. Au fond, la foi, pour lui, relève de la volonté et de la grâce, non de l'intelligence,

[28] « *Problèmes de gnose* », coll. Théôria, L'Harmattan, 2007, pp. 46-72.

et le mot connaissance n'a, dans ce contexte, qu'une signification métaphorique. La foi nous révèle l'existence de réalités surnaturelles que l'on accepte, ou que l'on rejette si la foi fait défaut, mais dont il n'y aurait aucune *expérience cognitive.*

Une telle préconception implicite de la foi correspond non à la vérité des choses, mais aux *habitudes épistémologiques* du monde moderne, pour lequel il n'y a de connaissance qu'empirique ou scientifique. Au-delà, on pénètre dans le domaine de la croyance. Telle n'est pas la conception de S. Paul, des Pères et des Docteurs. Au-delà de la connaissance empirique et scientifique, il y a place pour une connaissance métaphysique, et plus haut encore, pour une connaissance sacrale ou mystique. Cette possibilité d'une connaissance surnaturelle n'est actualisée que sous la grâce de la réception de l'objet de la foi. Elle est donc niée par ceux qui rejettent cet objet ; si bien que la conception épistémologique moderne – conception dominante – correspond en réalité à une véritable mutilation de la possibilité cognitive.

Nous touchons là un point fondamental, celui d'une capacité naturellement surnaturelle de l'intelligence – selon l'expression de Frithjof Schuon –, et ce point a fait couler beaucoup d'encre. Je dois donc me contenter ici de très brèves remarques. Je dirai seulement que l'intelligence, dans son essence pure, dépasse l'ordre de la nature, bien que dans son acte cognitif ordinaire, elle soit dépendante de l'expérience des choses créées. Mais elle est, en elle-même, ordonnée au Transcendant ; elle est faite pour des horizons divins et infinis, étant, en elle-même, incirconscriptible et dépourvue de forme, puisqu'elle peut les recevoir toutes. Aucune créature ne peut actualiser la puissance propre de l'intellect. Seule, la connaissance de foi est en mesure d'actualiser sa capacité surnaturelle ; ou, tout au moins, d'amener l'intelligence à produire un acte cognitif qui commence à révéler à l'intelligence elle-même sa propre nature déiforme. Une telle connaissance est intermédiaire entre la connaissance naturelle et la connaissance béatifique de l'intellect déifié. À l'égard de la connaissance naturelle, elle paraît d'abord obscurité et ténèbre et semble relever plutôt de l'amour et de la volonté que de la claire vision. Elle est pourtant une vraie connaissance, dotée d'une vraie intelligibilité, pour peu que l'intelligence s'habitue à vivre, par la prière, les sacrements, la lecture sainte, dans l'univers des réalités révélées. Et cela n'est peut-être pas sans rapport avec ce qu'on a appelé la « contemplation acquise ». Car cette connaissance dans la foi, en quoi consiste la gnose véritable, selon moi, ne doit pas être conçue comme infusion d'une grâce particulière, comme un événement mystique extraordinaire et que l'âme pourrait seulement *subir*. S'il en était ainsi, il n'y aurait pas lieu de parler de connaissance au sens propre et actif du terme. Ce n'est pas une « illumination » subite et éphémère, encore que la gnose puisse comporter de tels éclairs intellectifs – car l'Esprit souffle où Il veut et quand Il veut. Mais ces éclairs ne constituent pas des « visions », ce sont des « saisies d'évidences », des « compréhensions », des « prises de conscience ». Assurément, par rapport à la connaissance béatifique, la « gnose dans la foi » est elle-même obscurité et ignorance. Et cependant, à un autre point de vue, on peut bien dire aussi que dans la foi, le Ciel tout entier nous est donné. Mais nous ne le savons pas.

Aujourd'hui, l'idée même de gnose, de connaissance sacrée est ou complétement ignorée ou violemment combattue. Et sans doute n'est-elle ainsi combattue qu'à raison de l'ignorance où l'on est de sa vraie nature. Telle n'était pas la conception – ni le langage – des Apôtres, des Pères et des Docteurs. Aucun historien sérieux et objectif ne peut nier que la Tradition chrétienne ait réservé le mot « gnose » (*gnôsis*) à la désignation de cette connaissance spécifique, œuvre de l'Esprit qui, par le « don de gnose » – ou « don de science » – opère le « don d'intelligence », c'est-à-dire, en donnant la gnose, donne l'intelligence à elle-même, parce qu'Il actualise en elle, et donc lui révèle, sa propre capacité surnaturelle. J'ai nommé cette opération, la « pneumatisation de l'intellect ». S. Paul demandait à ses disciples d'être comblés de cette *gnôsis* (Rm., XV, 14). Le Christ lui-même reproche aux « docteurs de la loi » d'avoir dérobé la « clé de la gnose » :

> « Malheureux, vous, les hommes de la loi !
> Vous avez pris la clef de la gnose !

Vous-mêmes n'entrez pas,
Et ceux qui entrent, vous les empêchez ! »

Reconnaître la gnose, mettre en œuvre la *clef* de la gnose, c'est d'abord *croire* dans son existence, avoir foi dans l'intelligence et sa capacité surnaturelle. Vouer la gnose à la désignation exclusive de l'hérésie, comme on le fait aujourd'hui, c'est entériner la victoire du diable sur la plus haute possibilité de l'esprit humain, c'est donner raison aux falsificateurs et aux imposteurs de la connaissance sacrale. La réponse à la prolifération des sectes tient en deux mots : restaurer l'ordre liturgique et la beauté de son *mystère* ; rouvrir, dans l'intelligence de la foi, la porte de la gnose.

J'en viens maintenant au contenu de la gnose que le Christ a enseignée, plus ou moins en secret, aux quatre Apôtres choisis. Je crois que cette gnose consiste dans l'énoncé des savoirs de base indispensables pour la saisie intellectuelle des données de la Révélation : c'est ce que je voudrais montrer brièvement, à l'encontre de bien des hypothèses, qui doivent beaucoup à l'imagination de leurs auteurs. La « geste christique » – les paroles et les actes du Christ rapportés par les Évangiles – est tellement extraordinaire, tellement « hors normes », qu'elle exige, pour être reçue, une infrastructure doctrinale, disons un ensemble de propositions sur Dieu, la Trinité, l'Incarnation, le Mystère de la Rédemption – ce que résume le *Credo* – faute de quoi il est impossible de comprendre quoi que ce soit à ce qui est dit et accompli.

Pour admettre cette tradition de la gnose par le Christ – d'une gnose identifiée globalement au contenu du *Credo* –, il faudrait réfléchir sérieusement à la question de l'origine de la *doctrine* apostolique – Trinité, Incarnation, Rédemption. Elle n'est pas enseignée *explicitement* par le Nouveau Testament : entre le *Credo* et le Nouveau Testament, il y a un hiatus, une solution de continuité humainement infranchissable. Évidemment, certains exégètes modernes en concluent que les dogmes chrétiens sont purement et simplement absents du Nouveau Testament et qu'ils ont été inventés par la « communauté primitive ». Mais la question demeure : comment – et pourquoi – la communauté primitive a-t-elle tiré des enseignements du rabbi Jeschoua une doctrine d'une telle nouveauté et d'une telle profondeur théologiques ?

La notion de la Trinité est *inconnue du genre humain* avant le christianisme. La seule hypothèse plausible est que cet enseignement vient du Christ, au moins dans ses principes fondamentaux, non assurément dans le détail de ses tardives formulations dogmatiques, lesquelles ne font d'ailleurs que l'expliciter. Un tel enseignement exige, chez celui à qui il est confié, des qualifications exceptionnelles, qui donc ne se trouvent pas également développées chez tous les apôtres. C'est pourquoi un tel dépôt ne peut être donné qu'à quelques-uns, qui deviennent alors les maîtres de la gnose. Mais ce dépôt leur a été confié non pour qu'ils le gardent pour eux, mais pour qu'ils le communiquent à *tous* les disciples, selon les nécessités et selon les occasions. Et c'est là ce que Clément déclare expressément[29].

Un temps viendra – entre le IVème et le VIème siècle – où cet enseignement, du moins sous l'un de ses aspects, sera peu à peu « désocculté » : *Credo de Nicée*, *Symbole des Apôtres* et *Pater Noster* seront mis par écrit et pourront être connus de tous puisque la presque totalité du monde antique sera devenue chrétienne. Est-ce à dire que la gnose est alors donnée à tous ? La réponse à cette question exige de poser quelques distinctions – faut-il préciser que je n'ai pas la prétention de résoudre une question extrêmement complexe ? Ce qui, dès les origines, est donné à tous, ce qui est public et visible pour tous, c'est la geste christique. C'est pourquoi, très tôt, vers 35-40, – et peut-être même déjà du vivant du Christ –, cette geste christique commencera d'être mise par écrit et publiée. À la fin du Ier siècle, cette écriture prendra la forme de nos quatre Évangiles canoniques constituant donc, pour nous, avec tous les livres du Nouveau Testament, la forme première du *revelatum* : première quant à sa « repérabilité », si j'ose dire. C'est le donné révélé le plus *donné*, le plus matériellement visible ; c'est le premier *produit* de la Tradition apostolique, celui que tous les chrétiens – et même les

---

[29] *Cf. Ésotérisme guénonien et mystère chrétien*, p. 226.

non-chrétiens – peuvent *avoir en mains*, peuvent manier : c'est le *revelatum* dans son « objectivité ». C'est d'ailleurs à cette époque que le christianisme, en place du rouleau *fermé* du judaïsme, a imposé l'usage du codex, c'est-à-dire du livre *ouvert*, ce qui a changé la face de la civilisation et mis fin à l'âge « ésotérique ».

Mais cette forme première n'est pas seulement « donnée » ; elle doit aussi être « reçue », c'est-à-dire comprise : non seulement les paroles du Christ doivent être comprises – et leur sens, surtout quand il s'agit des paraboles, est loin d'être manifeste ; mais aussi ses actes, plus importants encore que ses paroles – ainsi, par exemple, les actes de sa passion, du Jeudi-Saint au Dimanche de Pâques –, actes dont la signification doit être précisée, si l'on veut simplement être en mesure, sans même prétendre les pénétrer, de saisir la nature des mystères accomplis par le Christ. On passe ici de l'ordre du visible perçu – directement par les apôtres, indirectement par la médiation du *Nouveau Testament* – à l'ordre de l'intelligible, à ce qu'on peut seulement savoir et non pas voir. Toutefois, cette saisie compréhensive de ce qui est accompli sous les yeux des disciples, et sous les nôtres par notre foi dans leur témoignage écrit, s'effectue nécessairement en deux temps, ou, encore, à deux niveaux que j'appellerai celui de la gnose sacrée ou ecclésiale et celui de la gnose métaphysique ou philosophale.

Quant au premier niveau, il est en effet requis que je sois d'abord informé explicitement de la signification déterminée des actes accomplis, dès lors qu'il s'agit d'actes dont la nature ne résulte pas de leur simple observation – celui qui fait doit dire ce qu'il est en train de faire. Cette signification déterminée est constitutive de l'acte lui-même : deux actes, identiques par leur apparence – par exemple boire du vin –, peuvent être différents par leur réalité – se désaltérer ou communier au Sang du Christ. C'est là, il est vrai, une obligation qui concerne beaucoup d'actes humains, mais qui s'impose tout particulièrement lorsqu'il s'agit d'actes sacrés, ou, si l'on veut, d'actes mystériques, c'est-à-dire des actes par lesquels s'accomplit le « mystère du Christ », car le terme de *mysterion* – *mysterium* en latin – désigne très précisément, en langage néo-testamentaire, l'Action sacrée du Christ opérant le salut de tous les hommes dans l'histoire du monde, des origines à la fin des temps, Action sacrée qui, pour nous, se réalise exemplairement dans la liturgie et les sacrements : c'est le *Mysterium fidei* de l'Eucharistie. Ainsi donc, de même que les sacrements ne sont pas constitués seulement par des symboles visibles – matières sensibles et gestes effectués –, mais aussi par des paroles – des énoncés performatifs – qui en signifient la nature en même temps qu'elles la réalisent, de même les Actes du Christ – que les sacrements rendent présents pour nous – exigent, pour être saisis dans leur nature propre, l'aide d'une parole qui déclare cette nature et la fixe une fois pour toutes, puisque, je le répète, le savoir concernant cette nature ne saurait résulter de la simple présentation sensible de ces Actes sacrés. Une telle parole *définissant* la nature des divers éléments qui composent la geste christique ne peut venir que du Christ lui-même. L'intelligence des apôtres, qui en sont les témoins, est certes en mesure d'élaborer par elle-même – sur la base de sa propre culture – des hypothèses interprétatives concernant la nature de ce qu'ils voient et entendent du « phénomène Christ », mais ils ne sont pas capables, sauf intervention du Saint-Esprit, de déterminer celle qui convient, ou même de la formuler (*cf.* Mt., XVI, 13-17). Ne pouvant venir que du Christ lui-même, il est clair que ce savoir de la geste christique, cette « gnose du Christ » ne peut être communiquée qu'à ses disciples, à ceux qui sont engagés dans son œuvre de salut, qui sont initiés à son opération mystérique. Telle est, selon moi, l'origine du *Credo*, c'est-à-dire de ce qui s'appelle, avant Nicée, la « règle de vérité », ou la « règle de foi », et dont le *Symbole des Apôtres* est une formulation, parmi d'autres. Cette gnose, ou plutôt cette première forme de la gnose, porte sur ce que j'appellerai les *dogmes sacrés*, ou encore les *vérités sacrées*, c'est-à-dire le savoir non-humain relatif à la nature véritable des éléments constitutifs du Mystère christique, savoir sans lequel la simple réception de ce *Mysterium* par la foi est tout simplement impossible ; et en effet : croire, oui *mais à quoi* ? Ces dogmes sacrés, ces vérités de foi, ont un statut doctrinal très étrange, puisqu'ils consistent en des propositions à la fois métaphysiques – donc supposées universelles et propres à l'intelligence[30] – et constatives ou « de fait ». Le cas le plus exemplaire est celui du Dieu trinitaire, qui est une sorte d'hapax métaphysique : aucune intelligence humaine ne pourrait trouver en elle-même, dans l'explicitation de sa conscience du Transcendant, l'idée d'un Dieu Père, Fils et Saint-Esprit. L'idée de Dieu est certainement une idée de la raison pure, connaturelle à l'intelligence humaine lorsqu'elle cherche à se rendre compte à elle-même de l'existence du monde et s'interroge sur l'être en tant que tel ; mais que Dieu soit Père-Fils-Esprit, voilà un « fait » que je peux seulement apprendre : Dieu est « ainsi ». Toutefois ce fait métaphysique, intellectuellement inimaginable, est le seul qui permette de rendre compte de la nature du *Mysterium* christique et de le penser, d'une certaine manière. Car, d'une part, nous voyons, dans l'Évangile, un homme parler et agir comme Dieu – « avant qu'Abraham parût, Je suis » –, et d'autre part nous le voyons se distinguer et du Père et de l'Esprit. Qu'est-ce que cela signifie ? Comment interpréter ces données prodigieusement énigmatiques et inconnues à toute l'histoire du genre humain ? Seule la clé trinitaire peut me permettre non de résoudre ou de dissiper ce mystère, mais de le définir dans son exacte formulation, donc de le percevoir en tant même que mystère, de le saisir en lui-même et de savoir à quoi je dois croire. Il en va de même pour ces autres dogmes sacrés que sont l'Incarnation, la Rédemption, l'Eucharistie, etc., qui d'ailleurs ne consistent pas seulement en des propositions énoncées, mais aussi en des pratiques liturgiques, lesquelles, autant sinon plus que des paroles énoncées, constituent des clés herméneutiques révélatrices de la nature véritable de la geste christique : ainsi de la messe qui révèle et fait comprendre la signification véritable de ce qui est accompli le Jeudi-Saint, le Vendredi-Saint et le dimanche de Pâques.

On pourrait objecter que cette gnose des dogmes sacrés se rencontre déjà dans le Nouveau Testament ; c'est incontestable. L'Évangile ne présente pas seulement la geste christique dans sa simple réalité phénoménique. Il rapporte aussi des paroles du Christ

[30] Par exemple, les notions d'essence, de substance, d'hypostase, etc.

qui éclairent sa manifestation sensible (Jn., VI, par exemple) et bien des commentaires théologiques des évangélistes eux-mêmes – explicites ou implicites : par leur style, leur mode de présentation, l'organisation du récit, etc. – qui fournissent déjà des indications indispensables et définitives sur la nature la plus profonde du phénomène Jésus-Christ : c'est, au tout premier chef, le cas du Prologue de l'Évangile de Jean. Et il ne saurait en aller autrement. Néanmoins, s'il est vrai que toute la gnose chrétienne est déjà contenue dans ce Prologue, et même s'il contient des enseignements qui dépassent le niveau de la gnose première dont je parle présentement, il est également certain que, sans la clé trinitaire, ces enseignements sur le *Logos* et son rapport au Père sont trop implicites pour échapper aux incertitudes de l'interprétation. Seule la doctrine de la « règle de vérité » les situe dans leur véritable lumière, bien que, *dans leur profondeur intrinsèque*, ils dépassent le niveau de la formulation des dogmes sacrés.

On parvient alors à un deuxième niveau de gnose. La gnose des clés dogmatiques permet d'ouvrir la porte des Mystères du Royaume. Mais il ne suffit pas d'avoir ces clés en main. Il faut aussi savoir s'en servir. Si la première forme de la gnose, que l'on pourrait appeler « gnose ecclésiale » eu égard au fait qu'elle a été remise entre les mains de l'Église, et d'abord du Collège apostolique, si cette première forme peut être désoccultée lorsque les temps le permettent ou l'exigent, il n'en va pas de même pour la deuxième. De quoi s'agit-il en effet ? Il s'agit des ressources d'intelligibilité qu'offre la culture humaine dans les domaines métaphysique, cosmologique et anthropologique, pour mettre en œuvre et faire jouer les clés de la gnose ecclésiale. Autrement dit, je n'entends pas par ce deuxième niveau de gnose – que l'on pourrait appeler la gnose métaphysique ou philosophale ou théologique – l'accès à des vérités plus élevées ou plus profondes que celles de la gnose ecclésiale, lesquelles, d'ailleurs ne sont elles-mêmes pas supérieures au *revelatum* dans sa concrétude. C'est au contraire lui qui est ce qu'il y a de plus profond et même d'infiniment profond, le Mystère du Christ, Verbe fait chair, donné à tous et qui n'a rien gardé par devers lui, pas une goutte de sang : tout de lui a été ouvert et transpercé, jusqu'au cœur. Et c'est dans ce Mystère qu'il faut entrer, dans cette profondeur infinie, par la porte que *seule* ouvre la clé des dogmes sacrés. Mais cette clé ne joue qu'à la mesure de notre savoir-faire, c'est-à-dire des ressources de notre intelligence et de notre amour. Le deuxième degré de la gnose, qui est aussi le dernier – du moins en tant que la gnose consiste en un savoir formulable et transmissible – désigne donc la science des principes métaphysiques inhérents à l'intelligence et des éléments cosmologiques et anthropologiques permettant d'accéder à une certaine intelligibilité des clés dogmatiques. Cette gnose métaphysique, ou « philosophale » si l'on veut, n'est pas désoccultable parce qu'elle n'est pas non plus occultable au sens propre du mot. La gnose ecclésiale des dogmes sacrés – il y a des dogmes non proprement sacrés, comme celui de la création du monde ou de l'immortalité de l'âme – peut être cachée parce qu'elle consiste en énoncés – les articles de foi – que l'on doit donc confier à la *mémoire* plus qu'à l'intelligence, que leur étrangeté sur-naturelle désoriente. On peut les taire parce qu'on peut les dire. Mais la gnose métaphysique n'est formulable – et donc transmissible – qu'à la mesure de la compréhension qu'on en a. Et même si la mémoire peut ici jouer un rôle qui n'est pas négligeable – pour autant que la gnose philosophale comporte nécessairement une part de « grammaticalité », dès lors qu'elle se formule et s'exprime dans des langages et met en œuvre des savoirs acquis par transmission et par expérience –, néanmoins c'est l'intelligence qui est requise et la capacité de compréhension de celui qui s'assimile cette gnose.

Il est vrai que, confiée à la mémoire, la gnose des dogmes sacrés requiert en outre les vertus de foi, d'espérance et de charité, et ne saurait être limitée à l'enregistrement passif d'un savoir « littéral », sinon un athée ayant appris le formulaire de la « règle de vérité » possèderait la gnose ecclésiale, ce qui est absurde, et ce qui explique pourquoi cette gnose ne pouvait être donnée qu'à ceux qui avaient la foi et les autres vertus théologales. De même, la gnose philosophale exige, sans doute, d'abord le travail de l'intelligence, mais d'une intelligence douée du sens du surnaturel, c'est-à-dire qui ne soit pas oublieuse de sa nature spirituelle et qui, dans ses opérations, reste fidèle à cette nature et donc ouverte à ce qui dépasse l'ordre de la nature, en un mot, à ce qui est d'ordre métaphysique.

Il ne me paraît pas impossible que cette gnose philosophale ait été enseignée par le Christ à quelques apôtres aptes à la recevoir : directement à Pierre, Jacques et Jean, mystiquement à Paul. J'entends par là, non que le Christ a *révélé* cette gnose – comme il en va de la gnose des dogmes sacrés qui ne peut être que révélée –, mais qu'il en a communiqué aux apôtres les éléments essentiels nécessaires à la réception des dogmes sacrés, éléments qu'il a puisés dans les traditions culturelles de son temps et de son lieu. Je parle de traditions au pluriel, car il s'agit non seulement des traditions culturelles du judaïsme, mais aussi des traditions hellénistiques et sans doute même orientales – comme le prouve l'épisode des mages dont la venue à Jérusalem ne suscite aucun étonnement. Parmi les traditions juives, il faut compter celles de l'ésotérisme rabbinique – plus tard appelées « Kabbale » – qui sont très présentes à l'époque du Christ. Elles portent sur l'interprétation de la création du monde – la Genèse, la vision d'Ézéchiel, l'angélologie, et sur tout ce qui concerne l'Apocalyptique juive, y compris des données de numérologie. De tout cela, le Christ tire ce qu'il juge nécessaire à la saisie intellectuelle de son message et qu'il ne peut pas ne pas mettre en œuvre dans son propre discours qui est celui des hommes de son temps, lesquels vivent au milieu de ces courants culturels, y participent peut-être, et sont même plus ou moins informés des traditions dites ésotériques que leur caractère réservé n'empêchait pas de circuler assez ouvertement. Quant aux traditions hellénistiques – on parle grec à Jérusalem et même à Bethléem –, elles véhiculent en particulier des éléments philosophiques – principalement platoniciens et stoïciens –, dont la présence se décèle dans certaines paroles du Christ – par exemple, lorsqu'il parle de la « *vraie* vigne » et du « *vrai* pain », ce qui est une manière platonicienne de s'exprimer, mais ne signifie évidemment pas que Jésus ait connu Platon. Je crois, à ce sujet, que l'identification johannique du Fils au *Logos*, au Verbe – « Au commencement était le Verbe » – vient d'un enseignement du Christ.

Je ne conçois pas qu'une décision « linguistique » aussi importante, qui a déterminé le destin entier de la théologie chrétienne, n'ait qu'une origine humaine. Il est très probable qu'on peut en attribuer l'« initiative » à l'Esprit saint et que ce soit Lui qui ait inspiré à S. Jean l'idée de choisir ce terme pour aider à saisir métaphysiquement, c'est-à-dire intelligiblement, la nature du Fils. J'inclinerais à penser, toutefois, que, pour une telle audace, S. Jean avait besoin de la « déterminité » du Fils : l'écrivain sacré parle par l'Esprit saint, mais les mots qu'il prononce sont des formes expressives du *Logos* unique.

Quoi qu'il en soit, l'exemple du Prologue johannique montre clairement la différence qu'il y a entre la gnose sacrée et la gnose philosophale. Que Dieu-Père s'engendre comme Dieu-Fils, voilà une vérité que notre intelligence doit apprendre et qu'elle ne saurait trouver par elle-même, qui, d'ailleurs la dépasse et qui lui demeure toujours, du moins ici-bas, quelque peu étrangère. Mais que l'Être premier soit à Lui-même son propre *Logos*, sa propre Pensée, sa propre Connaissance, son propre Nom, sa Parole unique où Il se dit lui-même à lui-même, son Autorévélation, voilà qui, à certains égards, se comprend de soi, voilà ce que l'intelligence humaine peut s'expliquer à elle-même quand elle réfléchit sur ce qu'elle pense quand elle pense l'Être premier. C'est d'ailleurs ce qui se passe effectivement quand le philosophe Aristote explicite métaphysiquement sa pensée de Dieu : il ne peut concevoir Dieu autrement que comme Acte pur qui se pense lui-même, « Pensée de la Pensée ». Ou encore pourrait-on prendre l'exemple du *Logos* alexandrin et stoïcien. Je ne dis pas que le *Logos* johannique n'a rien à voir avec la notion hébraïque de la Parole de Dieu ; il est au contraire évident que l'intention de S. Jean est bien de montrer en Jésus-Christ la réalisation hypostatique de la Parole – de Dieu – dont parle l'Ancien Testament. Le fond culturel du christianisme est juif : nous sommes des sémites non seulement spirituellement, mais aussi culturellement. Mais il n'est pas juif de dire que cette Parole *est* Dieu et qu'elle s'est incarnée. Il y a là, incontestablement, un usage plus hellénistique que juif du *Logos*, qui à quelques égards nous renvoie à Philon d'Alexandrie – juif lui-même – ou à d'autres, non expressément sans doute, mais au titre de références analogiques. Inversement, je ne dis pas non plus que la doctrine johannique du *Logos* a été formulée explicitement par la philosophie grecque, platonicienne ou aristotélicienne : il est trop évident que non. Mais je dis que cette tradition philosophique offre une aide conceptuelle et un langage pour tenter de saisir intelligiblement quelque chose du mystère du Christ. Le *Logos* johannique n'est ni proprement hellénistique, ni purement juif – comme ont tenté de le montrer beaucoup d'exégètes modernes –, il est christique, et finalement chrétien. En identifiant le *Logos* au Fils, S. Jean l'arrache à son terreau d'origine, la philosophie grecque, et lui confère une réalité qu'il n'avait pas. Réciproquement, il éclaire la nature du Fils et son mode d'engendrement de toutes les ressources d'intelligibilité de la métaphysique universelle.

Un autre exemple de l'existence d'une tradition de gnose philosophale venue globalement du Christ, confiée à trois apôtres, Pierre, Jacques et Jean, puis à Paul, et transmise par eux aux autres apôtres, ce sont les épîtres de Paul. Le corpus même des lettres pauliniennes atteste la réalité d'un tel enseignement. Il l'atteste par la nature de son contenu. On a dit que la quasi-totalité de la doctrine chrétienne avait été formulée par S. Paul et que le christianisme était une invention paulinienne. C'est évidemment insoutenable. Je dirai plutôt que l'on trouve chez lui la première organisation théologique des thèmes fondamentaux de la révélation chrétienne ou encore, et plus précisément, la première présentation – partielle – théologiquement organisée de cette révélation. Si S. Jean nous initie au mystère intérieur et transcendant du Verbe incarné et donc nous introduit au cœur métaphysique de la Trinité, S. Paul déploie le mystère du Christ dans l'unité organique de son économie salvatrice. Or, ce que je veux souligner, c'est que cette doctrine, d'une certaine façon, ne nous présente pas « le Christ dans la chair », encore que cette manière de dire soit extrêmement imparfaite. Mais enfin, S. Paul *ne part pas* du « phénomène Christ », de la geste christique dans sa réalité sensible, dont il ne fut pas témoin, pour en proposer une interprétation ; il ne part pas non plus de la geste christique dans la présentation écrite que les Évangiles nous en donnent, puisque ces

Évangiles canoniques n'existent pas encore tout à fait. Les écrits pauliniens sont d'ailleurs les textes les plus anciens du Nouveau Testament. Or, comme je l'ai dit, ils témoignent de l'existence d'une doctrine théologique déjà extrêmement élaborée. Cette doctrine, S. Paul ne l'expose pas en son entier sous forme de traité systématique, mais partiellement et de manière occasionnelle, selon ce qu'exigent les circonstances. Est-elle de lui ? Certainement pas. S. Paul distingue toujours, dans ses enseignements – par exemple, en 1 Co., VII, 10-12 –, ce qui vient de sa propre interprétation – en matière de morale, en particulier –, de ce qui vient du Seigneur et de la tradition apostolique. Ce faisant, il s'adresse à des interlocuteurs – les destinataires de ses lettres qui sont au courant de l'existence d'une telle tradition, sinon toujours de son contenu[31]. Cette tradition et ces traditions sont enseignées de vive voix, et S. Paul dans ses écrits ne fait que les rappeler, les confirmer ou les expliquer.

Quand je dis que S. Paul « ne *part* pas » de la réalité concrète du Christ et de son action telle qu'elle s'est donnée à voir, à toucher et à entendre – pour reprendre les expressions de S. Jean –, je ne veux pas dire qu'il n'en parle pas ou ne veut pas en entendre parler. Bien au contraire, la geste christique et la révélation de son Mystère sont l'unique objet de ses enseignements. Mais il n'en parle pas à la manière de S. Jean qui, ayant posé le Verbe en son éternité, pose ensuite le Christ devant nos yeux, dans sa réalité charnelle et son action visible, et nous le donne à contempler de la façon la plus concrète possible, afin que, partant de là, nous puissions entrer éventuellement dans l'intelligence de son Mystère théologal. S. Paul *ne part pas du Christ vu, il y conduit.* Chez lui, d'une certaine manière, car ces oppositions n'ont qu'une valeur indicative, la doctrine sur le Christ, l'intelligence de son Mystère, précède l'icône christique. Tout se passe donc comme si, outre son importance intrinsèque qui est incalculable, le corpus paulinien avait eu pour fonction de

[31] Qu'on y songe ! L'Épître aux Romains date de 56-57. Elle présuppose l'existence à Rome, vingt ans après l'Ascension du Christ, d'une communauté chrétienne déjà informée d'une doctrine théologique très complexe et des débats et questions qu'elle soulève.

témoigner, par son existence même, de l'existence, outre de la gnose de la règle de foi – Trinité, Incarnation, Rédemption, Baptême, Eucharistie –, d'une gnose métaphysique et théologique qui emprunte son « matériel herméneutique » à l'ésotérisme rabbinique, à la philosophie hellénistique et, peut-être, aux cultures orientales. De cette gnose, dont S. Paul parle en un sens très précis et très technique – par exemple, en 2 Co., XI, 6 –, et qui peut d'ailleurs nous conduire à l'orgueil, les épîtres ne nous livrent que des fragments, mais qui laissent apercevoir, en arrière-plan, l'ambiance culturelle de sa prédication. Il y aurait, cela va de soi, beaucoup d'autres choses à dire. Mais, sur le fond, je crois avoir exposé l'essentiel. Ce qui fait le plus défaut aujourd'hui, c'est l'« esprit d'ésotérisme », qui n'est rien d'autre que l'ésotérisme de l'esprit, c'est-à-dire la conscience qu'il y a dans l'esprit quelque chose de nécessairement ésotérique. Sans oublier, toutefois, que tout chrétien, avec la grâce de Dieu, peut entrer dans ce mystère d'intériorité auquel lui donnent accès les sacrements de l'initiation chrétienne – baptême, confirmation, eucharistie – et qu'il peut en vivre éternellement.

CHAPITRE XII

ÉSOTÉRISMES D'OCCIDENT[32]

Je voudrais, pour clore ce voyage en « pays d'ésotérisme », jeter un regard d'ensemble sur quelques-unes des formes qui s'en sont réclamées dans l'Occident moderne, telles la « gnose », l'« ésotérisme » proprement dit, l'« occultisme », l'« initiation », la « Franc-Maçonnerie », etc. J'envisagerai d'abord ces diverses formes selon leur commune appartenance à un même fond, en dépit de leur évidente hétérogénéité. Ensuite, je les considérerai selon leur identité spécifique en rappelant, aussi brièvement que possible, les circonstances qui ont accompagné leur manifestation.

Une chose me frappe : c'est que tous ces termes – à l'exception de « gnose » et d'« initiation » – font leur apparition à la fin du XVIIIème siècle et au début du XIXème. Encore l'exception de « gnose » et « initiation » n'est-elle qu'apparente, car si ce sont des termes anciens – alors qu'« occultisme » et « ésotérisme » datent de la première moitié du XIXème siècle, et « Maçonnerie » du XVIIIème, dans le sens ici concerné – les problèmes qu'ils soulèvent, les débats qu'ils provoquent, les courants d'idées qu'ils suscitent et qui s'en réclament, apparaissent bien à cette époque, disons, *grosso modo*, entre 1750 et 1850. Le rapport qui unit tous ces termes est donc d'abord *historique*, ce que les adeptes de ces manifestations idéologiques sont peu enclins à admettre, persuadés qu'ils sont, au contraire, de se trouver en face de choses très anciennes, immémoriales, qui, les temps étant

[32] En 2007, le P. Jérôme Rousse-Lacordaire, o.p., a publié une importante étude, très érudite, sur ce sujet, dont les conclusions, sur quelques points, diffèrent de celles ici exposées. On en lira un compte rendu en appendice au présent chapitre.

venus, ressurgissent peu à peu, révélant une Tradition antérieure au christianisme.

Mais, ce rapport historique, lui-même, demande à être expliqué. Pourquoi, en l'espace d'une centaine d'années, cette nébuleuse idéologique se met-elle en place ? Il est toujours extrêmement difficile de répondre à une telle question, et l'on doit admettre d'ailleurs que les causes qui ont présidé à cet événement culturel sont nombreuses et complexes. C'est toute l'histoire de l'Occident moderne qu'il faudrait ici faire intervenir : tâche démesurée ! Si, cependant, j'ose me prononcer en la matière, je dirai que le lien essentiel qui unit entre eux tous ces courants de pensée, c'est une commune conviction que la religion chrétienne ne possède pas les clés de la connaissance sacrée la plus élevée et qu'il convient donc de les rechercher ailleurs. Corrélativement, ces courants de pensée, quand ils prennent la forme de *sociétés* de pensée – l'exemple type, du moins théoriquement, est la Maçonnerie –, revendiquent évidemment la possession de ces clés et prétendent, en principe, conduire leurs adhérents à cette connaissance suprême et transcendante. Il n'y a donc pour moi aucun doute que ce qui anime cette conviction et cette revendication est un esprit foncièrement critique à l'égard du catholicisme, tel qu'il se présente dans l'Église romaine, car il peut arriver que le christianisme soit admis à figurer honorablement parmi les expressions authentiques de l'« unique et immémoriale Tradition » ; mais il s'agit alors d'un christianisme que l'on prétend réinterpréter et que l'on veut débarrasser des oripeaux de la superstition et des dogmes tyranniques sous lesquels, affirme-t-on, le pouvoir clérical l'a défiguré. Beaucoup d'ésotéristes trouveront cet anticléricalisme et, plus précisément, cet anticatholicisme, parfaitement justifié ; d'autres, au contraire, le déploreront. On ne saurait nier, en tout cas, que ce qui unit tous ces mouvements, c'est la certitude qu'il existe une connaissance supérieure à celle que proposent les prêtres, et l'affirmation que les détenteurs de cette connaissance supérieure, qui donc remonte nécessairement à une origine non-chrétienne – d'où l'idée de *la* Tradition –, sont présents parmi nous et se manifestent de nouveau, parce que les temps en sont venus. Certes, il y a des degrés dans cette mise à l'écart de l'Église catholique : il peut s'agir d'une simple relativisation, mais il peut s'agir aussi d'une lutte, voire d'une guerre acharnée, celle, par exemple, dont l'« initié » Voltaire a donné l'exemple.

Toutefois on doit maintenant se demander pourquoi cette conviction se fait jour à ce moment-là ? Comment expliquer cette baisse de prestige de l'Église ? Elle se manifeste, on l'aura noté, dans l'ordre de la connaissance ; nous avons affaire, donc, à une baisse de prestige culturel. C'est pourquoi il me semble que, compte non tenu de quelques autres facteurs, la cause principale de cet abaissement est l'apparition de la science classique – galiléenne et newtonienne – et de sa puissance grandissante *dans la société européenne*. Les sciences profanes, essentiellement l'astronomie et la physique, deviennent des événements sociaux, au moins pour les classes cultivées des nations européennes. Or, dans ces événements, les clercs n'ont plus de part, sauf exceptions individuelles. L'Église n'est plus détentrice du savoir, elle semble en être parfois l'adversaire. Déchue de sa primauté dans l'ordre des sciences profanes, elle peut alors être mise en question dans l'ordre des sciences sacrées, dans l'ordre de la connaissance mystérique, qui est celle à laquelle prétendent ésotérisme, occultisme, gnose, et Maçonnerie. Je ne veux pas dire qu'antérieurement au XVIIIème siècle, il n'y a jamais eu de groupes de pensée qui revendiquaient la possession d'un savoir sacré supérieur à celui de l'Église. Il y en eut certainement. De la fin du Moyen Âge au milieu du XVIIème siècle, l'histoire offre même l'exemple de nombreuses manifestations de ce genre, comme en témoignent, à la Renaissance, la philosophie *occulte* d'Henri Corneille Agrippa ou celle de Paracelse et, au début du XVIIème siècle, l'apparition sur la scène culturelle des Rose-Croix[33].

Mais il n'y a pas encore de *rupture* déclarée avec l'institution ecclésiale ; il y a même parfois des tentatives d'accord : l'Église demeure

---

[33] Descartes cherchera, sans succès, à rencontrer quelques-uns de ces personnages mystérieux, avec lesquels, semble-t-il, Leibniz sera en relation, ayant été secrétaire d'une organisation rosicrucienne. *Cf.* Yvon Belaval, *Leibniz – Initiation à sa philosophie*, Vrin, 6ème édition, Paris, 1989, p. 47.

une grande puissance culturelle. Avec le siècle des Lumières, cette situation d'hégémonie intellectuelle est définitivement contestée et disparaît progressivement. Dès lors, la contestation s'étend jusque dans l'ordre du savoir divin, je veux parler d'une contestation qui s'affirme et se manifeste *dans la société*, qui revêt des formes sociétalement repérables et qui s'organise elle-même en sociétés. L'exemple-type d'une telle évolution, c'est le changement doctrinal que l'on constate entre les déclarations de principes de la *Maçonnerie opérative* – composée de maçons de métier – et celles de la *Maçonnerie spéculative* – composée de non-maçons : les Constitutions d'Anderson, en 1723, remplacent la religion par la morale, et la foi par un vague déisme. Il s'agit d'un exemple-type parce que la Maçonnerie représente la plus célèbre, la plus répandue et la plus durable des sociétés d'initiés qui se sont constituées à l'époque moderne : elle unit d'ailleurs la recherche d'une connaissance supérieure et supra-religieuse au souci de promouvoir la rationalité scientifique, et se propose comme idéal pratique la formation d'un homme nouveau, le *citoyen* universel, par-delà les différences de cultures, de races, de religions et de patries. Elle se présente donc en concurrente *de facto* de l'Église catholique.

Il est vrai que cette situation concurrentielle peut ne pas être reconnue par tel ou tel Maçon qui, d'une part regarde l'Église catholique avec bienveillance ou même y adhère sincèrement, mais qui, d'autre part, estime que la voie maçonnique se situe à un niveau tellement supérieur à celui de la voie catholique – au moins en principe – qu'elle ne peut entrer en concurrence avec elle. C'est au fond la position de Guénon. C'est évidemment une position que l'Église ne peut accepter, le Christ lui ayant confié les clés des trésors spirituels les plus élevés. C'est même là sa raison d'être – relativement à la révélation de l'ancien Israël à laquelle elle ne saurait renoncer sans se détruire ; ce que Guénon ne pouvait comprendre, ainsi que le prouve sa déception (?) devant le refus que l'Église aurait opposé à son offre d'alliance, refus qui, selon lui, marque la disparition en Occident de tout ésotérisme, et, réciproquement, la fermeture des « portes de l'Agarttha », dont lui-même était le messager. Le catholicisme dit-il, est, de toutes les formes traditionnelles, la plus exotérique. Mais c'est aussi, du côté maçonnique, une position difficile à tenir, comme ne le montre que trop l'histoire ultérieure du Grand Orient, principale obédience maçonnique en France – non reconnue par la Grande Loge d'Angleterre –, qui s'est progressivement manifestée comme l'un des ennemis les plus constants de l'Église catholique au cours du XIXème et du XXème siècle. Ces faits, hors de doute, ne sauraient avoir pour seule cause les hasards de quelques circonstances politiques ou historiques.

J'ai ainsi essayé de caractériser le « fond commun » dont relèvent les notions, assez hétérogènes au demeurant, de gnose, d'ésotérisme, d'occultisme, d'initiation ou de maçonnerie. Ce fond, m'a-t-il semblé, est la manifestation sociétale de courants de pensée dont la simple existence témoigne par elle-même de l'affaiblissement, au cours des temps modernes, de l'Église catholique en tant que puissance culturelle dominante. Je voudrais maintenant reprendre chacune de ces notions pour elle-même, afin d'en rappeler très brièvement la définition étymologique et donner en quelques mots un aperçu du cadre historique où elles ont apparu.

Le mot *gnose* vient du grec *gnôsis* et signifie « connaissance ». Employé absolument, il désigne « la » connaissance par excellence, celle en qui toutes les autres connaissances trouvent leur accomplissement. Cette connaissance est suprême non seulement quant à son objet – il s'agit donc des réalités supra-mondaines et invisibles : angéliques et divines –, mais aussi quant à son mode. Elle vise à unir le sujet connaissant à l'objet connu et donc à transformer le sujet : la connaissance devient un *état spirituel*. Une telle gnose est revendiquée de la manière la plus orthodoxe par la Tradition chrétienne originelle, celle de S. Jean, de S. Paul, de S. Irénée, de S. Clément d'Alexandrie, qui parlent de la « gnose ecclésiastique ». Quant à ceux qui rejettent une partie de la Tradition ecclésiastique, ce sont, au dire de S. Paul et de S. Irénée, des adeptes de la « pseudo-gnose » : ils se targuent d'avoir atteint l'état spirituel de la gnose suprême, raison pour laquelle ils se nomment parfois des « connaissants », c'est-à-dire des « gnostiques ». Les hérésiologues des premiers siècles auront donc tendance à les désigner du nom de « gnostiques », encore que, le plus souvent, on les désigne par le nom adjectivé du fondateur de l'hérésie : marcionites, valentiniens, basilidiens, etc. Il faudra attendre mille cinq cents ans environ pour voir les termes « gnose », « gnostique », revendiqués par des courants spiritualistes anticatholiques de la fin du XVIIIème siècle, malgré l'exemple de Fénelon, et même de Bossuet, qui, au XVIIème siècle, lui donnaient encore un sens orthodoxe.

Ésotérisme est un terme assez récent, je l'ai rappelé précédemment. Est *ésotérique*, soit toute forme d'expression – langagière, gestuelle, plastique, visuelle, etc. – intelligible seulement pour les initiés, soit tout enseignement qui, protégé ou non par le voile des symboles, n'est communiqué qu'en secret. Dans le premier cas, les profanes peuvent en avoir connaissance, mais ils ne comprennent pas ce qu'ils voient et entendent ; dans le second cas, ils ignorent purement et simplement l'existence de ce dont il s'agit. *Ésotérisme* et *ésotérique* désignent donc, non le contenu d'une connaissance ou d'une vérité en lui-même, mais un *caractère* de ce contenu qui le spécifie du point de vue de son accessibilité : ou le contenu de l'enseignement est normalement accessible à tous, et alors on peut le qualifier d'exotérique, ou non, et alors on peut le qualifier d'ésotérique. On voit par là que l'enseignement de la gnose est nécessairement ésotérique, puisque, orthodoxe ou hérétique, la gnose requiert, pour être reçue, des dispositions de cœur et d'intelligence qui ne sont pas également présentes chez tous les hommes. Mais la réciproque n'est pas vraie : tout ésotérisme n'est pas de nature gnostique. Ainsi il existe un ésotérisme de la voie chevaleresque ou guerrière, et de nombreuses formes d'ésotérisme artisanal – par exemple, en France, le Compagnonnage – qui ne sont pas gnostiques, au sens rigoureux du terme.

Occultisme est un terme encore plus récent qu'*ésotérisme* : il date de 1842 et désigne la doctrine générale, supposée unique ou susceptible d'unification, qui est mise en œuvre dans ce qu'on appelait autrefois (XVIIème siècle) les « sciences occultes », c'est-à-dire les sciences cachées. *Occultisme* a donc une signification à peu près synonyme de celle d'*ésotérisme*, à cette différence près que, si *occulte* signifie proprement et simplement ce qui est *caché*, *non visible* – du latin *occultus* –, *ésotérique* signifie proprement : *ce qui est « plus » intérieur* – du grec *ésôtérikos*. Autrement dit, selon la signification expresse des mots, ce qui est occulte est seulement invisible, soit par accident – pour le profane –, soit par nature – les réalités occultes –, mais fait encore partie du monde « extérieur » et ressortit à la cosmologie, tandis que ce qui est vraiment ésotérique fait partie du monde intérieur, c'est-à-dire spirituel, et ressortit à la métaphysique. Il est invisible parce qu'intérieur, et il le demeure même pour celui, l'initié, qui est introduit dans la connaissance d'une telle réalité. C'est pourquoi il me semble que le terme d'ésotérisme connote de soi une signification plus spirituelle que celui d'occultisme.

En outre, par son origine et sa référence aux « sciences occultes » : alchimie, astrologie, arithmosophie, chiromancie, etc., le terme d'occultisme a gardé un sens beaucoup plus explicite que celui d'ésotérisme. *Ésotérisme* caractérise un enseignement dans son mode de communication ; *occultisme* caractérise un type de savoir dans son contenu même et sa « positivité », ou, si l'on veut, dans sa « matière ». À certains égards, l'ésotérisme, c'est une attitude spirituelle, une perspective herméneutique, une façon intériorisante d'envisager les formes révélatrices du divin, alors que l'occultisme est l'ensemble, en principe unifié, des savoirs occultes. De plus, comme je le disais il y a un instant, ces savoirs – ou prétendus tels – sont occultes non seulement parce qu'ils sont occultés – cachés aux profanes –, mais le plus souvent aussi parce qu'ils portent sur des réalités occultes, c'est-à-dire invisibles, bien qu'elles fassent partie de la nature. Les réalités occultes dont s'occupent les sciences du même nom et dont l'occultisme veut être la théorie générale, c'est, en somme, du cosmologique non sensible, ce que la théologie rangerait dans la catégorie du *préternaturel*. En résumé, et nonobstant tout ce qui contribue à faire de ces deux termes des quasi-synonymes, je dirai qu'*ésotérisme* concerne plutôt le domaine religieux et spirituel, tandis qu'*occultisme* s'applique aux savoirs cosmologiques – et l'homme fait partie de la nature – qui étudient les correspondances dynamiques unissant – *au sein du cosmos* – les réalités visibles aux non-visibles, démoniques ou démoniaques. Il s'ensuit qu'au fond, l'occultisme s'occupe essentiellement de ce qu'on appelle le monde subtil ou animique, ou intermédiaire – entre le corporel et le spirituel –, dans son rapport avec le monde des corps.

De ce point de vue, l'occultisme ne se distingue guère de ce qu'on pourrait appeler la « gnose cosmologique » – qui porte sur ce que S. Paul désigne comme les « éléments du monde », (Gal., IV, 3). Et, de fait, les gnoses judéo-chrétiennes, alexandrines, hermétistes, etc., ont développé des doctrines de ce genre, qui mettent en jeu une « angélologie » assez luxuriante dont il faut se demander, en toute rigueur, si elle concerne véritablement les créatures spirituelles dont parle par exemple Denys l'Aréopagite, ou si les êtres dont il s'agit et que l'on pense pouvoir faire intervenir dans le monde corporel n'appartiennent pas plutôt au monde subtil. On risque alors de confondre angélologie et démonologie, ainsi que cela s'est effectivement produit au XIXème et au XXème siècle à plusieurs reprises, (Jacques Vintras, l'abbé Boullan, etc.) et de tomber dans la magie noire et la sorcellerie. Il semble bien que cette éventualité s'est également réalisée dans certains milieux gnosticisants au cours des premiers siècles du christianisme. Les attaques de S. Clément d'Alexandrie contre la « gnose licencieuse », ou les allégations de S. Épiphane ne sont certainement pas dénuées de fondement.

L'*initiation*, au sens précis du terme, est un rite d'entrée dans la voie spirituelle qui confère à celui qui le reçoit la capacité de suivre cette voie, c'est-à-dire qui ouvre son cœur et son intelligence à la dimension la plus intérieure et la plus profonde de la révélation. Un rite exotérique agrège l'individu à une communauté religieuse, à une organisation sacrée. Le rite « ésotérique », donc « intériorisant », n'agrège pas seulement à une communauté, une fraternité, il introduit l'être humain dans un rapport ontologique et personnel avec le mystère divin. Ce rapport dans lequel l'initiation introduit l'initié constitue la voie, le chemin, qui va de son cœur au cœur de Dieu. Mais l'initiation ne crée pas ce rapport, qui est d'abord le chemin préexistant qui va du cœur de Dieu au cœur de toute créature, elle en révèle seulement l'existence, elle permet d'en prendre conscience, elle ouvre le cœur à sa réalité et donne la force, moyennant notre bonne volonté et la grâce divine, de le parcourir. Tel est le sens d'*initier*, du latin *initiare*, « initier aux mystères », « instruire », « commencer d'entrer dans la voie ». Tout cela, évidemment, en principe ; car il est bien évident qu'en fait, tout ce qui se nomme « initiation », fût-ce dans l'ordre dit « ésotérique », est très loin de répondre à une telle définition.

Le rite qui réalise parfaitement le type de l'initiation, c'est le baptême chrétien. C'est d'ailleurs sa définition la plus traditionnelle et la plus constante, puisque le concile de Vatican II en fait toujours usage et de façon très précise. Guénon, à cet égard, s'est trompé lourdement. À s'en tenir à la définition que j'ai donnée, et qui, dans sa signification générale, conviendrait également par exemple pour l'initiation soufie, on ne voit pas ce qui interdirait au baptême d'être une initiation, et ce qui, au contraire, permettrait au rite d'intégration à la Maçonnerie d'en être une. Il me semble que l'aspect « social » de rattachement à une fraternité, est incontestablement prédominant dans les rites d'élévation au grade d'apprenti, de compagnon et même de maître, les autres grades ayant été ajoutés tardivement. On pourrait donc légitimement considérer ces trois premiers grades comme des rites exotériques. Au demeurant, il n'est pas facile de préciser à quel « aspect » de Dieu, à quel Nom divin, ces rites peuvent rattacher ceux qui les reçoivent, sinon peut-être au « Grand Architecte de l'Univers », du moins quand il est mentionné, car il existe des obédiences, tel le Grand Orient de France, où le texte des initiations aux premiers degrés n'en fait aucune mention. Je ne prétends pas en tirer une conclusion certaine quant à la réalité et à la nature de l'« influence spirituelle » que transmettent les rites maçonniques : c'est une question sur laquelle je n'ai aucune compétence, et je n'ai aucune possibilité d'en juger autrement que de l'extérieur. Mais précisément, à s'en tenir aux apparences indiscutables, si l'on admet que les rites maçonniques sont bien ésotériques – alors qu'ils ne parlent que de morale, de progrès des lumières et de philanthropie –, à combien plus forte raison les rites du baptême qui confèrent un être nouveau par lequel l'âme du baptisé devient le Temple de la Vie trinitaire, c'est-à-dire participe à la circumincession d'amour des trois Personnes, Père, Fils et Saint-Esprit. En outre, on peut se demander, même lorsqu'il est fait explicitement référence à Dieu en tant qu'Architecte de l'Univers, dans quelle mesure on dépasse la perspective d'un « déisme abstrait ».

À bien considérer les faits, la Maçonnerie spéculative représente quelque chose d'assez particulier, pour ne pas dire d'un peu étrange, puisqu'il s'agit d'une initiation de métier transmise à des gens qui ne l'exercent pas. Mais je suis hors d'état de percer l'énigme de ses origines, qui, à tous égards, sont bien plus obscures que celles du christianisme. Il est ainsi établi aujourd'hui que James Anderson, le rédacteur du *Livre des Constitutions* de 1723, n'a pas pu assister aux travaux collectifs de son élaboration, dont cependant il affirme nous rapporter l'histoire en témoin. Reste que la Maçonnerie se présente effectivement comme une organisation ésotérique, et donc que le rapport qu'il y a entre ésotérisme et Maçonnerie est celui qu'il y a entre un genre et son espèce : l'ésotérisme est la forme générique que revêt la transmission d'un enseignement lorsqu'il est réservé à quelques-uns ; la Maçonnerie est une spécification historiquement déterminée de cette forme générique. Son rapport à l'initiation va de soi : c'est celui qu'entretient tout ésotérisme déterminé avec le rite d'entrée qui y donne accès, ainsi qu'avec les rites qui jalonnent le parcours de la voie ésotérique, qu'on pourra donc nommer également voie initiatique. Encore une fois, je parle ici en principe, et sans chercher à savoir si toutes les obédiences et loges maçonniques répondent effectivement à ces définitions. Il existe indubitablement des maçons catholiques – en particulier à la Grande Loge Nationale de France qui fait explicitement référence au Grand Architecte de l'Univers, identifié Lui-même au Verbe christique –, dont la sincérité religieuse ne saurait être mise en doute.

Cela dit, il faudrait encore savoir si ces maçons catholiques vont chercher dans la Maçonnerie, suivant l'enseignement de Guénon, des rites d'un niveau égal ou supérieur à ce qu'ils ont reçu et reçoivent dans l'Église catholique. J'ignore quelle est leur position à ce sujet.

S'ils suivent Guénon sur ce point, alors ils se mettent en contradiction avec eux-mêmes et avec la doctrine la plus ferme et la plus constante de la foi chrétienne, et, je dirais même, la plus évidente : que peut-il y avoir de plus élevé et de plus intégral, quant à l'ésotérisme en tant que tel, que les trois rites de l'initiation chrétienne : baptême, confirmation, eucharistie ? Rien. Mais alors, s'il en est bien ainsi, à quoi bon se rattacher à la Maçonnerie ? En fait, je suis persuadé que si ces catholiques vont à la Maçonnerie, c'est parce que, imbus de Guénon, ils pensent y trouver ce que, selon eux, l'Église ne peut pas leur donner : il y a là une profonde et grave méconnaissance du don de Dieu. Il y a aussi une désobéissance flagrante à la discipline de l'Église. N'est-il pas paradoxal que des guénoniens, soucieux d'orthodoxie doctrinale, partisans inconditionnels de l'Autorité spirituelle, ne fassent aucun cas des règles qu'impose l'Autorité sacrée dont ils relèvent ? Il est vrai que Guénon les a persuadés que l'Église était une organisation exotérique sans autorité sur tout ce qui dépasse son domaine, donc sur la Maçonnerie qui relève de l'ésotérisme. Une telle suffisance dans le formalisme et l'abstraction trahit une perte certaine du sens du réel : comment admettre qu'un maçon athée, anticlérical, matérialiste, ait, dans l'ordre spirituel – dont il se moque –, une autorité supérieure – parce qu'il est « initié » – à celle du pape de Rome, qui ne l'est pas ? Et pourquoi, en ces matières, accorder plus de confiance à un homme seul, fût-il génial, qu'à l'Église de Jésus-Christ. Il est vrai aussi que l'homme auquel est accordée cette confiance, à savoir René Guénon, est considéré par ses adeptes comme exprimant le point de vue du « Roi du Monde », dont il nous a révélé l'existence et dont il est considéré comme le porte-parole quasiment officiel ! À une remarque près, cependant, c'est que le pape et l'Église de Rome, ne relèvent pas du très hypothétique Roi du Monde, mais de Jésus-Christ, lequel est Dieu incarné, et qui, en tant que tel, a remis à Pierre les clés spirituelles : « Je te donnerai les clés du royaume des Cieux, et ce que tu lieras sur la terre sera lié dans les Cieux, et ce que tu délieras sur la terre sera délié dans les Cieux » (Mt., XVI, 19).

Deux remarques pour terminer. La première est que, dans la perspective ésotérique telle que j'ai essayé de la définir, et qui s'identifie simplement à ce que S. Paul appelle « esprit », il y a une exigence non seulement légitime, mais encore indispensable. Quand cette exigence se fait jour, dans le cœur et l'intelligence du croyant, elle ne peut pas ne pas apparaître comme quelque chose d'étrange, de marginal, de choquant même, peut-être de prétentieux, de recherché, d'obscur, de sollicité. Et cela suscitera la réprobation et les réactions des gens « de bon sens » : ce qu'on ne comprend pas inquiète ; tenons-nous en à la morale, dira-t-on, à la lettre du texte, à la raison ordinaire. Ce faisant, on risque d'éteindre la lumière spirituelle sous le boisseau des précautions, de dérober, à ceux qui pourraient s'en servir, « les clés de la gnose » – *kleida tès gnôseôs* – (Luc, XI, 52) et d'étouffer ce qui est la raison d'être même de la révélation christique. Qui dira, sinon la souffrance, du moins la déception de celui qui, ressentant en lui le besoin, voire l'exigence de cet esprit, ne rencontre qu'incompréhension, rappel à l'ordre, littéralisme historicisant, moralisme socialisant, ou terrorisme sectaire et policier ? Comment ne se tournerait-il pas, lorsqu'il les rencontre en sa jeunesse, alors qu'il est encore ignorant de bien des choses, vers des expressions spirituelles où il lui semble reconnaître ce qu'il recherche ? Et n'est-il pas vrai que le zèle de l'orthodoxie peut parfois s'apparenter à la haine de l'Esprit ? Or, « l'Esprit souffle où Il veut ; tu entends sa voix. Mais tu ne sais ni d'où Il vient, ni où Il va » (Jn., III, 8). C'est Jésus-Christ lui-même qui a prononcé cette parole : elle doit bien aussi avoir un sens !

Ma deuxième remarque sera pour dire combien, cependant, est incertaine et dangereuse cette recherche de l'Esprit. Dangereuse et incertaine, assurément, parce que nous pouvons nous tromper : l'Esprit est sans origine et sans fin, je ne sais d'où Il vient ni où Il va ; mais j'entends sa voix et je voudrais le connaître et le rencontrer. Qui me dira, à chaque rencontre que je ferai d'une parole, d'un texte, d'un livre, d'une doctrine, d'un homme : oui, l'Esprit dont tu reconnais la voix vient de Dieu et va à Dieu ; ou bien, non l'esprit que tu crois reconnaître et qui t'enchante, ne vient pas de Dieu et n'y conduit pas ? Et n'oublions pas qu'ici les apparences peuvent être trompeuses au-delà de ce qu'on peut imaginer.

Mais à ce danger d'erreur objective auquel expose la recherche de l'esprit, s'en ajoute un autre, subjectif celui-là, et qui n'est plus une erreur, mais une faute : il est extraordinairement difficile de partir à la recherche de l'Esprit avec un cœur dépourvu de tout orgueil et de toute vanité. Car chercher l'Esprit, c'est presque toujours ne pas se contenter intérieurement de ce qu'on me donne, c'est me sentir insatisfait. Et si je suis insatisfait, c'est qu'il y a en moi quelque chose, une dimension de mon être qui exige une autre nourriture que celle dont se contentent ceux qui m'entourent, qui partagent la même nourriture et la même foi, et qui semblent ne rien chercher d'autre. Sans doute faut-il chercher pour trouver, mais ma recherche elle-même me distingue des autres et me certifie ma supériorité sur eux. Guénon affirme que la notion d'« orgueil intellectuel » est une contradiction dans les termes ; il est vrai : l'intelligence connaît ce qui est, et c'est tout. Mais ce n'est pas l'intelligence pure et séparée qui connaît, c'est l'homme qui connaît, par son intellect. Et c'est lui qui a conscience de la différence qui le distingue des autres croyants. Il me semble évident que la recherche d'un ésotérisme s'accompagne le plus généralement de la conscience d'une supériorité, qu'il s'agisse d'orgueil ou de vanité. Que chacun là-dessus s'examine sans chercher à se justifier. Inutile d'insister. Pour remédier aux deux dangers que j'ai signalés, je ne vois que deux remèdes.

Le premier remède concerne l'erreur objective sur les formes trompeuses de l'Esprit. Par définition, il ne peut s'agir que des formes autres que l'Écriture, les sacrements et tout ce qui ressortit directement et canoniquement à la Tradition de l'Église : en effet tout ce qui appartient à la Tradition essentielle de l'Église et qu'elle communique à ses membres est *a priori* porteur de l'Esprit, lequel est « envoyé » par le Christ. Là-dessus, il ne saurait y avoir discussion. Mais la vie du chrétien ne se déroule pas uniquement au sein des formes canoniquement ecclésiales : le propre de la vie, c'est l'imprévu. Le croyant rencontrera des doctrines, des points de vue, des livres, des récits d'expériences spirituelles, des témoignages, des hommes, il aura lui-même des idées, des sentiments, des inspirations, qui n'auront pas été canonisés par l'Église et dans lesquels il lui semblera que lui parle l'Esprit. D'autre part, même pour ce qui est des formes les plus canoniques, l'Écriture et les Sacrements, il lui faudra bien rechercher, à ses risques et périls, l'Esprit qui est présent en eux : interpréter l'Écriture, vivre l'Eucharistie, c'est toujours une aventure, ce n'est jamais une répétition. Pour toutes ces formes non-canoniques, l'Église ne peut pas lui dire où se trouve objectivement l'Esprit. Mais elle peut lui dire où Il ne se trouve pas : à savoir dans tout ce qui est en contradiction avec sa Loi dogmatique, c'est-à-dire avec la doctrine révélée que le Christ lui a confiée. Observer la Loi de l'Église demande certainement un renoncement à notre volonté propre, à l'assurance de notre jugement personnel, mais c'est le seul moyen que nous ayons d'opérer ce qu'on appelle précisément « le discernement des esprits ».

Quant au second remède, il s'applique à la faute subjective, l'orgueil, la surestimation de soi. En effet, renoncer à sa volonté, aux lumières de son propre jugement, c'est déjà entrer dans la voie de l'humilité. On trouvera sans doute que j'exagère l'importance de l'orgueil et donc, corrélativement, celle de l'humilité. Le point de vue du métaphysicien, me dira-t-on, est *a priori* impersonnel, et donc étranger à la dialectique orgueil-humilité : un mathématicien qui rectifie une erreur de calcul ou qui démontre un théorème est-il orgueilleux ? Je répondrai qu'à mon avis cet argument lui-même est déjà l'expression de l'orgueil le plus caché, puisqu'il identifie la subjectivité pensante à la pure lumière intelligible, alors qu'il ne s'agit pour l'être pensant que d'une participation au Verbe divin. Je demanderai alors pourquoi, et pour qui, le Christ a fait de la pauvreté du cœur la *première* des béatitudes. Il y a là un enseignement d'une portée incalculable. Cet enseignement, par hasard, ne concernerait-il pas les métaphysiciens et les ésotéristes ? Les initiés auraient-ils réalisé *a priori* cette pauvreté du cœur, dont ils n'auraient plus désormais à se soucier ? Et serait-ce que les béatitudes qui, qu'on ne l'oublie pas, constituent *le message essentiel* du Christ, celui qui accomplit et dépasse la Loi mosaïque (Mt., V, 17-28) donnée sur le Sinaï, serait-ce que ce message, donné sur la Montagne, ce message qui est la quintessence du cœur du Christ, ne concerne pas les métaphysiciens ou les ésotéristes ? L'admettre, c'est alors admettre que la parole la plus haute que pouvait proclamer le Verbe divin venu dans notre chair n'a rien à dire à ceux qui se proclament les détenteurs de la plus haute science. Pour qui donc, le Seigneur a-t-il dit : « Heureux les pauvres en esprit : à eux est le royaume des Cieux » ?

Octobre 1999 – 14.XII.1999
Dernière révision :
21.VII.2016

APPENDICE AU CHAPITRE XII

À PROPOS D'UNE EXPATRIATION

Compte rendu du livre du P. Jérôme Rousse-Lacordaire, o.p., *Ésotérisme et christianisme – Histoire et enjeux d'une expatriation*, éditions du Cerf, Paris, 2007, 366 pages.

L'expatriation dont il s'agit est celle de l'ésotérisme hors de son domaine d'origine, qui est celui du religieux. Tel est le thème général du livre que Jérôme Rousse-Lacordaire, spécialiste de l'histoire de l'ésotérisme européen, vient de publier aux éditions du Cerf. L'ésotérisme ici considéré, c'est l'ésotérisme chrétien, et sa patrie d'origine, c'est donc le christianisme. Pourquoi l'ésotérisme s'est-il progressivement détaché de la révélation chrétienne. Ou pourquoi l'Église l'a-t-elle progressivement rejeté, jusqu'à le condamner comme une sorte d'hérésie ? À quelles conditions, cependant, un rapatriement est-il concevable ? Ou, du moins, à quelles conditions le discours théologique, fût-il critique, traite-t-il de l'ésotérisme en connaissance de cause ?

Pour répondre à ces questions, et à bien d'autres, l'auteur prend, comme texte de référence, le rapport qu'a produit, en 2003, le Conseil pontifical pour le dialogue interreligieux, intitulé : *Jésus-Christ, le porteur d'eau vive : une réflexion sur le Nouvel Âge*. C'est ce texte qui sert de cadre directeur au P. Rousse-Lacordaire tout au long de son ouvrage. Se référant aux points majeurs abordés par ce rapport, il en prend occasion pour traiter chacun de ces points pour lui-même et nous donner, dans sa première partie, des exposés d'une érudition consommée sur la *philosophia perennis* à la Renaissance, sur la *Magia Naturalis* et son rapport à la vie spirituelle, au surnaturel et au préternaturel, enfin sur la kabbale chrétienne comme *theologia perennis*. Dans ses exposés, J. R.-L. déploie un savoir réellement considérable, grâce auquel il peut démontrer sans peine le caractère très approximatif des analyses du document pontifical et la nature problématique de beaucoup de ses appréciations.

La deuxième partie porte sur la rupture de l'ésotérisme et du religieux, qui intervient à la fin du XVIIème siècle avec l'apparition de la Franc-Maçonnerie, du spiritisme et du théosophisme, toutes doctrines que l'Église catholique finit par identifier à du « gnosticisme », catégorie hérésiologique élaborée au XIXème siècle pour caractériser des courants hétérodoxes des quatre premiers siècles, et qu'on pense retrouver chez les contemporains, voire chez un René Guénon.

La troisième partie, sans doute la plus périlleuse, s'efforce de préciser les conditions, sinon d'un rapatriement, du moins d'une sorte de reconnaissance de l'ésotérisme par l'Église. Pour cela, il est nécessaire non seulement que la théologie prenne une connaissance exacte des manifestations de l'ésotérisme telles que les textes et l'histoire nous les révèlent, mais aussi qu'elle réponde elle-même aux questions dont elles traitent. Deux de ces questions intéressent spécialement la théologie : l'une concerne la pluralité des religions, l'autre les rites initiatiques. L'auteur les aborde toutes deux et, globalement, les résout à la lumière de la doctrine guénonienne, à l'exposé de laquelle il consacre un important développement. Ainsi déclare-t-il, après avoir précisé ce qui, du point de vue du théologien chrétien, est nécessairement requis quant à son engagement "christique" : « L'exposé guénonien de la Tradition primordiale peut parfaitement se comprendre dans la perspective que je viens d'esquisser » (p. 251). Et de même pour le rapport entre rite initiatique et sacrement (par exemple, pp. 291, 296, 302, etc.).

Parler d'ésotérisme chrétien et de son éventuel rapatriement n'a de sens que si d'abord on en établit l'existence de fait. C'est ce que montre (pp. 261-297) une étude attentive des données écrites qui, chez les Pères, dans le Nouveau Testament et les apocryphes, attestent l'existence de cet ésotérisme. L'exposé est nourri des travaux les plus sérieux en la matière, anglais, allemands, italiens, espagnols, français. Sans être exhaustif, l'auteur parcourt un vaste domaine avec clarté et rigueur. Cette étude rendra de grands services.

Cela dit, il nous faut maintenant en venir à la question de fond. Nous laisserons de côté les considérations christologiques, importantes, mais dont l'examen, pour cette raison même, déborderait le cadre d'un compte rendu. Nous voudrions seulement traiter de quelques-unes des difficultés que nous paraissent soulever les propositions théologiques et philosophiques de l'auteur en vue d'un « rapatriement de l'ésotérisme ».

La première difficulté concerne la notion même d'ésotérisme. Dès l'abord (pp. 11-35), le P. Rousse-Lacordaire adopte la célèbre définition qu'en a élaborée Antoine Faivre et qui a été généralement acceptée par les ésotérologues en Europe comme en Amérique. On ne saurait oublier, toutefois, qu'il s'agit moins d'une définition que d'une description. Des six points qui la constituent, aucun n'est de soi ésotérique, ce que d'ailleurs l'auteur reconnaît (p. 246). On a donc affaire à une catégorie historiographique, construite par la science historique, indispensable pour identifier certains phénomènes culturels, dont beaucoup ne se sont jamais identifiés eux-mêmes comme tels. Beaucoup, mais pas tous. Aux XIXème et au XXème siècle, *« ésotérisme »* est aussi un terme revendiqué par mainte école de pensée, non comme une catégorie scientifique, mais comme une « profession de foi ». À ce terme, la puissante doctrine guénonienne a conféré son sens le plus décisif : ici, l'ésotérisme n'est plus une catégorie classificatoire de la science historique, c'est l'affirmation qu'il existe une connaissance supérieure au-delà de la connaissance exotérique commune qu'offrent les religions. À cette connaissance, celle des « états supérieurs de l'être », seule une initiation rituelle donne éventuellement accès. Et l'on peut dire que la conception guénonienne, si précise et si ferme, n'a pas peu contribué au succès du terme « ésotérisme », jusqu'à convaincre les milieux universitaires de la nécessité de son emploi, mais dans un sens cette fois simplement descriptif et non plus prescriptif. D'où une certaine ambiguïté de cet emploi.

Une thèse centrale de l'auteur, c'est que l'ésotérisme est « regard », pour reprendre une proposition de Jean-Pierre Laurant dans son livre *Le regard ésotérique*[34], ou encore une « forme de pensée », non un contenu doctrinal. Il voit là la raison principale de l'échec du traitement théologique de l'ésotérisme qui s'obstine à y dénoncer des hérésies, dans une sorte de vision essentialiste opposant dogmes orthodoxes et dogmes hérétiques, alors qu'il s'agit d'une certaine façon d'envisager les choses. Cette thèse rejoint au fond celle que nous avions proposée dans notre livre, *Ésotérisme guénonien et Mystère chrétien*[35], quand nous parlons à ce sujet d'« herméneutique ». Toutefois, il faudrait encore qu'on définisse cette forme de pensée dans son essence, et non seulement dans les manifestations historiques auxquelles la science a décidé d'appliquer ce terme, qui risque alors de perdre à peu près toute unité, et donc toute signification précise. La nécessité d'une telle définition de l'essence de l'ésotérisme s'impose absolument pour la simple raison qu'il ne saurait exister de forme *pure* de pensée, c'est-à-dire indépendante de tout contenu. Si une telle forme existait, n'étant spécifiée par rien, elle serait également indiscernable de toute autre forme de pensée, et parler d'ésotérisme n'aurait plus de sens.

Au demeurant, et à s'en tenir uniquement aux critères d'identification d'Antoine Faivre, on constate que l'ésotérisme comporte bien des thèses positives sur la nature du réel, humain ou divin. L'idée de correspondances analogiques entre les degrés du réel, l'idée d'une transformation ou transmutation de l'être, celle d'un « accord » entre les diverses révélations et donc d'une science universelle – la science sacrée –, partout présente sous des formes diverses, autant de philosophèmes qui peuvent aussi être regardés comme des théologoumènes[36].

---

[34] Bayard, coll. L'Aventure Intérieure, Paris, 2001.

[35] L'Âge d'Homme, 1997 ; nouvelle édition, revue, corrigée et mise à jour, coll. Théôria, L'Harmattan, Paris, 2017.

[36] Un *philosophème* est une thèse ou une proposition philosophique. Un *théologoumène* désigne, en exégèse biblique, une affirmation d'ordre théologique qui ne repose pas directement sur les Écritures saintes et n'est donc pas incluse dans la Révélation ; plus généralement, il signifie une idée, une notion, un principe théologique [NdE].

Relativement à la pluralité des révélations, J. Rousse-Lacordaire estime que la perspective ouverte par Guénon et Schuon échappe aux inconvénients de l'exclusivisme, de l'inclusivisme et du pluralisme vulgaire (pp. 246-261). C'est incontestable. S'ensuit-il qu'une théologie chrétienne des religions pourrait l'adopter ? Cela paraît peu envisageable. Les doctrines de Guénon et de Schuon s'accompagnent en effet de thèses difficilement compatibles avec la foi chrétienne. Chez Guénon, la présence de la Tradition primordiale au long des siècles est liée à l'existence du « Roi du Monde », qui en est, au sein de la cité souterraine de l'Agarttha, en Asie, le dépositaire. Avec lui doivent rester en relation toutes les traditions sacrées, ce qui assure la plénitude de leur efficacité spirituelle. La relation avec l'Agarttha ayant été rompue en 1648, Rome a perdu cette plénitude. La religion catholique se trouve réduite au « psycho-social ». De cela le P. Rousse-Lacordaire ne parle pas. En outre, la Tradition primordiale s'identifiant à la pure métaphysique, laquelle transcende toutes les révélations historiques, qu'en est-il alors de la vérité proprement christique, qui est assurément, quant à sa manifestation historique, une révélation particulière[37] ?

Certes, la perspective guénonienne exclut le syncrétisme, ainsi que l'équivalence des formes traditionnelles. Mais elle n'exclut pas une certaine hiérarchie entre ces formes par rapport à la Tradition primordiale. De ce point de vue, Guénon n'a cessé de répéter que la tradition hindoue était la plus proche de la Tradition primordiale, donc la plus directement métaphysique, celle dont la doctrine était normative pour toutes les autres formes. Quant à l'islam, étant la dernière et l'ultime révélation, et la fin rejoignant le commencement, il jouit d'une sorte de privilège analogue. Il n'est pas possible de

[37] L'auteur ne mésinterprète-t-il pas Henry Montaigu lorsqu'il s'étonne que ce guénonien ait pu parler, dans *Le Roi capétien* (p. 291), de « christianisme ésotérique », expression en effet rejetée par Guénon. Montaigu, semble-t-il, ne veut pas désigner par là un autre christianisme, mais simplement la dimension ésotérique inhérente à cette révélation et qui est, en elle-même, indépendante de son actualisation éventuelle dans un ésotérisme chrétien déterminé.

prendre en compte le christianisme actuel, réduit à un simple exotérisme. Que peut en penser un théologien ?

J. Rousse-Lacordaire évoque aussi favorablement la doctrine schuonienne, en particulier celle de l'unité transcendante des religions, qui lui paraît dans la continuité de celle de Guénon. Or, il s'en faut de beaucoup, Schuon rejetant la mythologie de l'Agarttha. Quant à l'unité transcendante, elle débouche d'abord sur la notion de *religio perennis*, puis sur celle de *sophia perennis*. Elle s'identifie à la métaphysique pure, à la gnose, indépendante des confessions religieuses. Ce qui rejoint, à certains égards, cette déclaration de Guénon : « l'ésotérisme est essentiellement autre chose que la religion, et non pas la partie "intérieure" d'une religion comme telle », même quand il y prend son « point d'appui »[38]. C'est là ce que Schuon appelle l'« ésotérisme absolu » ou « quintessentiel », qu'il distingue de l'« ésotérisme relatif ». L'ésotérisme relatif prolonge la forme religieuse vers l'intérieur, ce qui est le cas de ce qu'on appelle communément, et spécialement dans l'ouvrage du P. Rousse-Lacordaire, l'ésotérisme chrétien.

Il nous faut enfin aborder la question de l'initiation et de son rapport à la grâce sacramentelle. Ici aussi la présentation de l'auteur nous paraît édulcorer quelque peu la doctrine guénonienne afin, sans doute, de la rendre plus acceptable pour le regard théologique. « La distinction entre exotérisme et ésotérisme, écrit-il, ne suppose pas des degrés différents dans l'accès au salut et, moins encore, dans la réception de ce salut, mais des modes différents et non exclusifs de compréhension et d'expérience d'un unique salut » (p. 296). En effet, il n'y a pas de différence de degré, pour Guénon, entre exotérisme et ésotérisme, puisqu'il s'agit d'une différence de *nature*, « et même de nature profonde »[39]. Mais cette différence de nature est fonction de la différence radicale des finalités de ces deux voies, distinction dont le P. Rousse-Lacordaire *ne dit mot* – même silence, p. 315 –, alors que pourtant c'est elle qui, selon Guénon, *constitue*

---

[38] *Aperçus sur l'initiation*, p. 27.

[39] *Ibidem*, p. 26.

la raison d'être de la distinction de l'ésotérisme et de l'exotérisme, ou encore de l'initiatique et du sacramentel. Loin qu'on puisse parler, avec Guénon, d'un « salut unique », il faut au contraire distinguer le « salut » et la « délivrance » qui sont les finalités respectives de l'exotérisme et de l'ésotérisme. Sur ces deux finalités, Guénon s'est exprimé surabondamment. Et que l'initiatique soit *supérieur* au sacramentel, c'est ce que déclare toute l'œuvre guénonienne dans la mesure où l'initiatique seul peut donner accès aux « états *supérieurs* de l'être », le sacramentel exotérique ne conduisant qu'au salut, c'est-à-dire au « maintien posthume dans l'état humain ». Entre les deux, il y a toute la différence qui sépare la terre du Ciel.

De même, sur la descente exotérique des rites chrétiens primitivement ésotériques – abordée dans une note de la p. 302 –, l'auteur oublie de dire que, selon Guénon, cette exotérisation du baptême, entre autres, s'est accompagnée de la confection par l'Église de nouveaux rites initiatiques – dont il n'existe aucune trace. D'autre part, qu'est-ce qu'un rite exotérique tel que le baptême ? C'est, répond Guénon, un rite d'« agrégation » psychique à une communauté traditionnelle[40], alors que, selon l'Église, ce rite nous plonge dans la mort du Christ, nous fait fils de Dieu et temples vivants de la vie trinitaire. Qui donc a raison ? Et souvenons-nous que si Guénon a raison, le Christ mourant sur la Croix ne donne aux chrétiens qu'une chair et un sang exotériques et réserve quelque chose de mieux aux initiés. Il y a là une conséquence inacceptable du point de vue chrétien.

L'auteur estime (p. 322), que, selon l'école traditionnelle, l'« initiatique extra-ecclésial » n'est pas en concurrence avec la grâce sacramentelle. Assurément, la première étant, pour cette école, d'un ordre incomparable à celui de la seconde. S'ensuit-il que cette école « les lie l'une à l'autre [...] pour inviter le chrétien à s'engager absolument dans la voie exotérique afin [de] faire fructifier ce qu'il recevrait dans la voie initiatique ésotérique » (p. 322) ? Si cela signifie que l'engagement absolu dans l'exotérisme produira, chez

[40] *Ibidem*, p. 159.

l'exotériste, des fruits « ésotériques », alors il s'agit d'une erreur. Jamais on ne trouvera chez Guénon une ligne qui aille dans ce sens : les fruits ésotériques ne peuvent être obtenus que par celui qui a reçu l'influence spirituelle que seule communique la réception d'un rite initiatique. Au demeurant, s'il n'y avait aucun risque de concurrence, on s'expliquerait mal que Guénon ait consacré tant de pages à dénoncer la confusion entre la voie mystique et la réalisation initiatique. Dans la première, « quelque chose tombe d'au-delà des nuages, si l'on peut dire, sans qu'on sache comment ni pourquoi » ; la seconde « repose au contraire sur des lois scientifiques positives et sur des règles techniques rigoureuses »[41]. Nous répondrions volontiers à Guénon que ce qui tombe ainsi d'au-delà des nuages, c'est la grâce de Dieu.

Voilà quelques-unes des questions que nous a posées le livre du P. Rousse-Lacordaire, preuve de son éminent intérêt. Reste, que toutes questions disputées mises à part, il constitue d'ores et déjà, par l'ampleur et la sûreté de son information, un ouvrage de référence.

14.XI.2007

[41] *Op. cit.*, p. 111.

IIIème PARTIE

PHILOSOPHIE

CHAPITRE XIII

DU SAGE AU PHILOSOPHE

La difficulté principale d'une définition de la philosophie réside dans le fait qu'elle n'est pas seulement une « essence » que l'on pourrait nommer *sub specie aeternitatis,* mais aussi une forme culturelle apparue à une certaine époque (VIème siècle av. J.-C.), et dans des conditions assez précises.

Cicéron, et d'autres auteurs, nous rapportent que, selon la tradition, Pythagore est l'inventeur du mot *philosophie.* Avant cette époque, c'est-à-dire avant le VIème siècle, nous étions à l'âge de la *Sophia* et des *Sophoï,* de la Sagesse et des Sages ; nous ne sommes plus maintenant qu'à l'âge de la *philosophia* et des *philosophoï.* J'interprète ce passage de la *Sophia* à la *philosophia,* qui s'accomplit au VIème siècle sous l'égide du mystérieux Pythagore, comme le passage d'une connaissance immédiatement unie à l'être à une connaissance séparée de l'être connaissant. La sagesse authentique est, en principe, un « savoir-vie », un « savoir-exister ». L'homme de l'âge sapiential sait « être homme », sait « faire l'homme » exactement comme le chêne « sait » faire le chêne ou la rose faire la rose. Ce savoir qui est *immédiatement* vie – et dont l'Adam biblique nous fournit le modèle – a sans doute subi maintes altérations au cours de la longue histoire humaine, et revêtu diverses formes. À l'époque pré-philosophique, donc avant le VIème siècle, il est sans doute perdu pour l'ensemble des hommes, mais il demeure l'apanage de quelques-uns, ceux qu'on appelle précisément des *Sages,* et qui se présentent à nous significativement comme des législateurs, des nomothètes, des fondateurs de cités, donc comme des hommes qui possèdent encore le savoir-vie, qui savent comment faire l'homme. Ce savoir-vie, cette union du connaître et de l'exister, de l'essence et de l'existence, se décline évidemment en commandements et lois – ce qui traduit déjà une grande dégénérescence –, mais ces règles et dispositions *politiques* n'ont d'autorité et de pouvoir qu'à raison de leur évidence intrinsèque : en elles s'exprime le savoir de la nature des choses et des êtres par où seul peut s'accomplir leur essence. Il y a déjà dualité, mais encore harmonie, celle d'un ordre temporel soumis à l'autorité spirituelle de la connaissance, parce qu'il existe encore des hommes en qui l'être et le connaître ne font qu'un.

Mais que constatons-nous au VIème siècle ? En Chine, c'est l'apparition du taoïsme, voie de la connaissance intérieure et transcendante, séparée du confucianisme, voie de l'action extérieure, morale et sociale. En Inde, c'est l'apparition du bouddhisme, voie de la réalisation intérieure, monastique, extra-mondaine, et qui, abolissant les castes, abolit la sacralité sociale, profanisant du même coup, au moins dans le principe, l'ordre politique de l'hindouisme dans lequel religion égale société et société égale religion. Dans le judaïsme, c'est la fin de la royauté sacrée en Israël, l'exil à Babylone, la destruction du Temple de Salomon, la reconstruction d'un nouveau Temple privé de l'Arche d'Alliance : le Saint des Saints est vide ; l'âge de la sagesse salomonienne n'est plus qu'un souvenir, l'ordre politique est définitivement distinct de l'ordre divin. En Grèce enfin, c'est l'apparition de Pythagore, lequel enseigne une connaissance secrète, intérieure, véritablement ésotérique, et qui se tient à l'écart de la foule et de la cité, même si, bien sûr, certains pythagoriciens, au premier rang desquels nous rangerons Platon, ont cherché à refonder la cité traditionnelle et sacrée.

En somme si, du côté temporel, la rupture du VIème siècle correspond à la naissance d'un ordre politique autonome et profane, du côté du spirituel il correspond à la naissance d'un ordre de la connaissance « pure » et séparée. L'ordre cognitif est lui aussi posé dans son autonomie, comme une instance spéculative *sui generis*, c'est-à-dire de nature mentale, abstraite et représentative. La raison, le discursif, le conceptuel constituent un ordre distinct, irréductible à tout autre, libre et délié de toute dépendance à l'égard d'un autre que lui, et particulièrement à l'égard de l'être. Ou plus exactement, faudrait-il dire que le rapport à l'être de la connaissance est perçu alors comme une dépendance, non comme une manifestation, une expression, un rayonnement, un éclairement de l'être ; étant entendu que cette relation d'éclairement par laquelle le *logos* était, dans son être même, parole de l'être, l'être dit et proféré, devait aussi se lire en sens inverse : l'être se constitue, se réalise, existe effectivement comme expression, affirmation, manifestation d'un connaître. Tout être est, en tant que tel, un mode de connaissance. On retrouve là le thème plotinien d'une restauration de l'unité de la *théôria* et de la *poiésis* qui sont comme les deux faces d'un seul et même acte d'être.

En attendant, la disparition de l'âge sapiential – qui se manifeste, sur le plan des civilisations humaines, comme séparation du spirituel et du temporel, constitués ainsi dans leur spécificité –, se traduit, sur le plan noétique, par l'hétérogénéité du connaître et de l'exister – ou du vivre –, du spéculatif et de l'ontologique. L'activité spéculative se saisit d'elle-même et « s'affranchit » de sa dépendance à l'égard de l'être, laquelle n'est perçue comme dépendance que dans la mesure précisément où l'on croit devoir « s'en libérer ». L'apparition de la *sophistique* correspond exactement à cette proclamation d'indépendance de la raison spéculative qui découvre sa propre puissance et s'en enivre, comme on le voit chez Gorgias et chez Protagoras.

C'est ici qu'intervient la *philosophie*. Qu'est-ce donc que Pythagore nous propose et que Platon reprendra en le développant autant qu'il est possible de le faire – car personne, dans ce sens, n'ira jamais plus loin ? Quelle est la stratégie qui s'annonce sous le terme de philosophie, stratégie par laquelle la Tradition s'efforce de remédier à la crise noétique qui s'est ouverte, au VIème siècle, avec la sophistique ? Ce remède ne peut être trouvé que dans le mal lui-même. Au demeurant, quand le vin est tiré, il faut le boire. L'unité perdue ne peut pas être restaurée telle quelle. La raison spéculative ayant pris possession d'elle-même, étant née à elle-même par la prise de conscience de son autonomie, c'est nécessairement sur le plan spéculatif lui-même qu'il faut intervenir si l'on veut redonner à l'activité cognitive le sens de l'être et de son ordonation à l'être. Telle est la tâche de la philosophie. Ou plutôt, la philosophie *est* cette tâche elle-même. La philosophie n'est pas un savoir constitué, une sagesse définie, un *corpus* doctrinal achevé – du moins pas essentiellement. Elle est un remède, une tâche, une opération de redressement, je dirai même, si l'on veut, une morale de la connaissance, une éthique de l'intelligence, un redressement de l'esprit – *emendatio intellectus*, selon Spinoza – par sa réorientation vers l'être et l'essence. C'est pourquoi elle porte le nom d'« amour de la Sagesse » : la philosophie ou la recherche de la Sagesse perdue ; c'est dire qu'elle est tension et orientation vers une Sagesse disparue, nostalgie d'un état noétique où le connaître avait le *goût* de l'être, la saveur du réel – savourer se dit en latin *sapere*, d'où vient *sapientia*, sagesse.

Il n'y a donc pas, en ce sens, de philosophie « positive », mais seulement une philosophie négative, comme on parle de théologie négative. La philosophie, c'est-à-dire l'amour de la divine *Sophia* dans l'œuvre de la connaissance, c'est le combat permanent de l'intelligence contre la *pseudo-sophia*, contre le sophiste qui est en chacun de nous. La philosophie, c'est l'anti-sophistique : voilà pourquoi Platon n'a pas écrit le dialogue *Le Philosophe*, dialogue pourtant annoncé. Ou plutôt faut-il dire que ce dialogue a été écrit sous la seule forme possible, la forme négative du *Sophiste*, dialogue où ne figure aucun nom particulier de sophiste : saisir le sophiste, lui qui saisit tout, le maîtriser et le convertir en chacun de nous, telle est la tâche de la philosophie ; et ce n'est pas facile.

Qu'elle soit amour, autrement dit, qu'il s'agisse, en philosophie, de la sagesse comme amour, cela se comprend sans peine, si l'on observe que l'amour meut de l'intérieur. Ou bien la Sagesse est radicalement perdue, est devenue radicalement étrangère à l'intelligence, et l'homme est livré à la multiplicité contingente des savoirs positifs et des désirs tyranniques, ou bien elle demeure dans l'âme humaine, ou dans certaines âmes humaines, comme un souvenir plus ou moins conscient, une aspiration, un soupir vers une plénitude de l'être dont elle éprouve en elle l'absence et le désir. Ce dont on est séparé, on ne peut que l'aimer. Mais si on l'aime, c'est qu'il est présent en nous par son absence même. Enfin, comme nous l'avons dit, l'œuvre philosophique ne peut s'accomplir que dans l'ordre spéculatif, puisque la connaissance humaine se trouve désormais condamnée à s'y déployer.

Cela étant, le problème qui se pose alors au « restaurateur » de l'intellectualité véritable – c'est-à-dire au philosophe – est le suivant : peut-on trouver, sur le plan de l'intelligence spéculative, quelque chose qui constitue comme l'équivalent de ce qu'était l'unité onto-noétique de l'âge sapiential ? Si l'expérience d'un tel *analogon* est donnée à la conscience humaine, alors une réorientation de l'esprit vers sa patrie ontologique n'est pas impossible. La réponse ne fait pas de doute. Cet *analogon* ontonoétique[42], ce vestige sapiential présent dans l'intelligence, c'est l'expérience du sens. Cette expérience *sémantique*[43] que fait l'intelligence dans son activité cognitive, c'est ce qui lui reste de son origine sapientiale. Une telle expérience est en effet assez extraordinaire, bien qu'elle n'ait jamais beaucoup attiré l'attention des philosophes. Tant que la connaissance consiste à enregistrer des données, à constater, elle ne fait pas encore l'expérience du sens, en tant que tel. Mais il peut arriver aussi que les données enregistrées éveillent en elle un « écho intelligible », en d'autres termes, lui « disent quelque chose », ne soient pas seulement l'objet d'un simple « c'est ainsi », mais soient goûtées par l'intelligence, *fassent sens* pour elle. En réalité d'ailleurs, cette expérience du sens constitue le fond ou l'horizon de toute prise de connaissance, car nous ne pouvons rien saisir cognitivement qui ne fasse sens pour nous, si peu que ce soit. Mais ce n'est qu'un fond, un horizon. Il arrive aussi, parfois, que ce fond sémantique vienne habiter la forme cognitive ; l'âme est alors saisie par le sens et la connaissance devient joie : le sens des choses se révèle à moi dans la mesure où il fait sens pour moi et me révèle mon propre sens. Telle est *l'intuition sémantique*, ou *unité sémantique* du sujet connaissant et de l'objet connu.

---

[42] L'adjectif *ontonoétique* désigne en métaphysique ce qui concerne l'intellect dans ses rapports avec l'être.

[43] Il n'existe pas, en français courant, d'adjectif signifiant : « relatif au sens » « ayant la nature du sens » ; d'où la nécessité de recourir à un mot savant : *sémantique*.

Pour tenter d'en donner une idée, nous partirons de l'exemple que nous offre la connaissance sensible ; on y voit clairement comment l'intuition sémantique se distingue de la simple appréhension cognitive. Si je vois un sapin, ou une rose, j'enregistre une certaine forme, une certaine organisation du réel, un certain type d'être que j'apprends à connaître par l'observation. Mais, en outre, je peux être éventuellement « saisi » – surtout si je suis poète – par un certain « sens », difficilement définissable, et pourtant parfaitement identifiable et reconnaissable : le sapin, par son être même, délivre un « message », me dit « quelque chose » ; et ce « message » est tout à fait autre que celui que délivrerait un chêne ou un bouleau. Le sapin, si j'ose dire, a une manière d'exister, un *comportement sémantique* tout à fait différent de celui du chêne ou du bouleau. Le sapin « dit » l'être d'une manière différente de celles du chêne ou du bouleau. C'est cela le « sens », c'est cela qui fait sens en moi et à quoi mon intelligence participe intuitivement sans pouvoir le formuler conceptuellement. Avec le sens, nous ne sommes plus dans l'ordre de l'observable, mais dans celui du participable, pour reprendre une distinction de Raymond Ruyer. Cette expérience sémantique nous restitue donc, analogiquement, ce que pouvait être l'unité sapientiale de l'être et du connaître ; analogiquement parce que cette unité ne concerne que l'intellect, non l'être humain dans son intégralité.

Un tel sens ne se construit pas, il se découvre ; il ne se connaît pas, il s'éprouve et se reconnaît. Il implique cependant la participation du sujet *connaissant*, puisque n'a de sens pour moi que ce qui fait sens en moi. Il en va de même si nous passons du plan de la connaissance sensible à celui de la connaissance conceptuelle, c'est-à-dire de la connaissance scientifique en général. On pourrait estimer, et beaucoup l'affirment, que le sens, l'intelligible, n'est pas l'objet d'une intuition, mais résulte d'une activité de la raison discursive, cherchant à lier entre eux, selon un certain ordre, des éléments distincts. Le sens serait donc construit, comme le prouverait l'exemple de la lecture d'un texte qui rattache les unes aux autres les unités linéairement éparses de la phrase. Or, il est vrai que le travail de la raison, qui *essaie* des agencements divers entre des éléments divers, est le plus souvent indispensable à l'obtention du sens. La plupart du temps d'ailleurs – c'est en particulier le cas des théories scientifiques qui « forcent » toujours un peu le réel, comme on force les pièces d'un puzzle à s'encastrer les unes dans les autres, faute d'une bonne solution –, on en reste à un simple agencement : on se contente d'une intelligibilité construite, dans laquelle ce qui fait sens, c'est l'accord de la raison avec elle-même, non celui de l'esprit avec le réel. Cependant, il n'en demeure pas moins que le désir et l'espoir de l'entendement, c'est de parvenir à une intelligibilité *donnée*, à une communion sémantique, c'est-à-dire dans laquelle le réel fait sens pour mon intelligence, l'éveillant à ses propres exigences sémantiques. Ici aussi le sens demeure l'horizon normatif de toute opération cognitive.

On voit alors ce qui caractérise proprement l'activité philosophique : l'exigence de sens, l'idéal d'une communion sémantique constitue la norme critique au nom de laquelle la philosophie examine et apprécie toutes les entreprises humaines. La philosophie n'est donc pas seulement l'activité productrice des concepts, comme le prétendent certains. Elle s'occupe évidemment des concepts, puisque le terrain sur lequel elle opère ne peut être que celui de la connaissance conceptuelle, et qu'elle s'intéresse à toute chose et à tout comportement humain, non en tant que tels dans leur existence concrète ou dans leur réalité effective, mais en tant qu'ils sont pensés par une conscience humaine. Philosopher, c'est philosopher sur la pensée des êtres et des choses. C'est là le lieu propre du philosophe, et je dirai qu'il n'y a de champ spéculatif qu'à la lumière du regard philosophique.

Mais ici il convient de préciser. Si le philosophe est le seul au regard duquel existe l'ordre spéculatif, ce n'est pas parce que le philosophe aurait eu la bonne fortune d'observer un type d'objets et un domaine que les autres savants, plus distraits ou moins chanceux, auraient négligés. Ce n'est pas le simple regard de l'esprit qui découvre, ou ne découvre pas, l'ordre spéculatif en tant que tel ; c'est le regard orienté et finalisé par la recherche du sens véritable. Le champ proprement spéculatif, c'est-à-dire le concept comme concept, et non comme événement psychologique, production sociale ou formalité logique, ne se dévoile qu'à la lumière du souci sémantique. En d'autres termes, il n'y a de concept, au sens véritable de ce mot, que pour celui qui se demande : quel est donc le sens de ce que je pense quand je le pense ? C'est la question du sens de ce que je pense qui détourne le regard de l'esprit de l'objet pensé et qui le reporte vers l'acte déterminé – le concept – par lequel je pense cet objet. Or, se demander quel est le sens du concept que je suis en train de former, c'est nécessairement se poser la question de son sens *véritable*, c'est-à-dire se demander si ce concept fait véritablement sens en moi. La question du sens, en effet, ne se poserait pas si j'étais sémantiquement comblé, si j'étais rempli, habité par l'évidence du sens – comme d'ailleurs il peut arriver dans certaines expériences exceptionnelles, ou même intellectuellement modestes, comme la résolution d'un problème de géométrie. En revanche, l'état d'insatisfaction sémantique suscite nécessairement la question critique du sens. Il en résulte que la philosophie ne peut s'établir que sur la décision critique de radicaliser la déception sémantique comme un *a priori* méthodologique[44], seul moyen de raviver en nous le souvenir de la sagesse perdue et d'en introduire le souci dans nos opérations cognitives. Alors, à l'instant même où nous introduisons ce souci, ces opérations cessent de n'être qu'un simple fonctionnement, le concept cesse de n'être qu'un événement psychique, et se transforme en objet spéculatif : il se révèle comme la *forme* de l'acte intellectuel par lequel je connais un être ou une chose. Ainsi doit-il être clair que le concept requiert la transcendance du sens, et que, sans le souci d'un sens normatif nous ne sortirions jamais de l'immanence des fonctionnements et des comportements.

On voit donc la différence radicale qui sépare la philosophie de la psychologie et de la sociologie cognitives, sciences « naturelles » qui décrivent des comportements et ne visent qu'à une intelligibilité construite. De même voit-on par là la différence qui sépare la philosophie de la logique, bien qu'elle puisse paraître moindre que dans

---

[44] C'est-à-dire à se poser une question telle que « *qu'est-ce que c'est ?* »

le cas des sciences humaines. Toutes deux, philosophie et logique, ont affaire à des objets formels. Mais leurs visées respectives sont autres : la logique regarde bien les concepts comme des concepts, mais avec l'intention de fournir *les règles de leur construction intelligible*. Elle n'accède pas au niveau de l'intelligibilité « donnée », ou révélation sémantique. Nous avons donc trois degrés : intelligibilité construite : les sciences ; règles de la construction, c'est-à-dire formalisation des exigences d'accord de la raison avec elle-même : la logique ; intelligibilité intuitionnée : la philosophie. Une telle échelle des degrés d'intelligibilité est évidemment elle-même de nature philosophique. Nous l'avons dit, c'est le souci sémantique, et la transcendance du sens visé – de la Sagesse aimée et recherchée – qui dégage le concept en tant que tel. La logique en est incapable par elle-même, et présuppose ce dégagement : elle est donc seconde par rapport à la philosophie – Aristote suppose Platon.

Telle est la conception que je me fais de la philosophie. Elle peut paraître éloignée du développement effectif de son histoire. Je suis persuadé cependant qu'elle peut s'appliquer même aux démarches les plus étrangères à la mienne. On pourrait dire d'un mot que le rôle du philosophe, c'est d'avoir le souci du sens.

CHAPITRE XIV

LE MYSTÈRE THÉOPHANIQUE DE L'INTELLIGENCE

« D'une certaine manière, la vision, ou science des bienheureux, est au-dessus de la nature de l'âme rationnelle, en tant qu'elle ne peut évidemment y parvenir par sa propre vertu. Mais d'une autre manière, cette vision est conforme à la nature de l'intellect, en tant que l'âme ayant été faite à l'image de Dieu, elle est évidemment capable de cette vision selon sa nature. Mais quant à la science incréée, elle est, de toutes les manières, au-dessus de la nature humaine »[45].

Si l'on accepte de définir la raison, dans son activité, comme la faculté de lier entre eux des jugements – donc des connaissances – selon des règles ou principes, on voit que cette raison raisonnante se trouve située entre deux sortes de réalité qui la dépassent et dont elle est tributaire : les connaissances qu'elle reçoit « de l'extérieur » – perception, révélation – ou « de l'intérieur » – intellection ou inspiration – d'une part, et d'autre part, les principes innés auxquels elle obéit et qui constituent sa structure dynamique. D'un côté, elle mendie du savoir, c'est-à-dire du réel connu, de l'autre, elle est conscience réfléchie d'une exigence d'ordre, c'est-à-dire d'une relation fondée entre un savoir et un autre, et, finalement, exigence de l'organisation générale de tous les savoirs entre eux. L'exigence d'ordre, les lois dont l'observance par le mental définit la raison même, sont l'objet d'une science qu'on appelle la logique. Or, c'est précisément

---

[45] S. Thomas d'Aquin, *Somme de théologie*, III, 9, 8, *ad* 3e.

cette double dépendance qui prive la raison d'une autonomie absolue, et qui rend caduques les prétentions hégémoniques du rationalisme. À quoi il faut ajouter que la dépendance logique est fonction de la dépendance cognitive. L'exigence d'ordre, l'obéissance aux lois de la logique, découlent en effet du besoin où se trouve la raison *d'assurer le passage* d'une connaissance à une autre. Si, pour établir la connexion de deux vérités, nous sommes obligés de raisonner, c'est parce que nous n'apercevons pas *uno intuitu* leur implication, et, pour tout dire, leur unité. Les saisies du mental sont fragmentaires, analytiques, discontinues. Comment dès lors être certain que les liaisons que nous sommes pourtant contraints d'établir entre elles sont fondées et légitimes, sinon en nous conformant aux règles de la logique dont ces liaisons ne sont au fond que des applications particulières ? C'est pourquoi la certitude rationnelle est toujours indirecte et dépendante – ou relative. Au contraire, la saisie intellective des êtres et des choses étant, en principe, « parfaite » et immédiate, à l'instar de la pure perception sensible, les relations qui les unissent sont, pour une telle connaissance, données d'emblée dans la saisie même, et point n'est besoin de raisonner pour les établir : il suffit de « voir ». Le raisonnement, dans ce cas, ne serait nécessaire qu'eu égard aux exigences de la communication de la vérité perçue, le langage étant par nature dialectique. Il reste cependant que même alors les règles de la logique et les principes de la raison ne jouent plus le rôle de garants ultimes et de fondements – non fondés – de la vérité ; ils jouent le rôle de symboles, de reflets conceptuels des réalités qu'ils expriment, et sont au fond des formes mentales de participation à l'Intellect universel.

Mais la raison n'est pas seulement dépendante à l'égard du mode de la saisie cognitive, laquelle, dans son essence première, ne peut, de toute évidence, être qu'intuitive, qu'il s'agisse de l'intuition sensible ou de l'intuition intellectuelle – sinon il n'y aurait connaissance de rien –, elle est aussi dépendante à l'égard des contenus sur lesquels elle opère, ou encore, pourrait-on dire, dont elle fait l'expérience. En réduisant tout à la raison, le rationalisme ne se condamne pas seulement à la certitude toute relative et purement formelle des conclusions de la logique, il érige aussi en dogme une véritable cécité intellectuelle. Les seules données qu'il est condamné à accepter sont celles de l'expérience sensible la plus bornée, et il se rend aveugle à ces « révélations subjectives » que représente toute intellection métaphysique. Remarquons en outre que, la nature ayant horreur du vide, dès lors que le mental rationnel n'est plus informé dans ses opérations déductives par la grâce, interne ou externe, de la Lumière divine qui « éclaire tout homme en ce monde », ce sont les données du psychisme individuel qui en prennent la place, voire les suggestions les plus sinistres de l'ambiance sociale. Toute logique est évidemment tributaire des données dont elle part et que la raison ne saurait produire par elle-même. Tout est là. Récuser, au nom de la raison, des millénaires de sagesse, de sainteté et de noblesse, refuser de tenir compte d'expériences que les plus profondes intelligences du passé ont reconnues comme des certitudes, c'est s'engager à fournir la preuve qu'on est infiniment plus intelligent qu'elles, ce qui est à la fois impossible et absurde. Mais c'est aussi s'engager à expliquer pourquoi les hommes du passé, penseurs, artistes, prophètes, sages et saints, ont pu croire à ce qui, pour les diverses branches du rationalisme moderne, n'est qu'illusion, fantaisie, superstition. C'est à cet égard que le rationalisme revêt la forme du criticisme.

Le criticisme, en effet, dont la philosophie de Kant représente le point de départ et le modèle, consiste très précisément à provoquer dans l'esprit humain une prise de conscience critique à l'égard de ses propres affirmations ou jugements, de telle sorte que l'origine ou la genèse de ces jugements étant enfin dévoilées, ils perdent du même coup leur signification illusoire et révèlent leur signification réelle. On voit immédiatement l'avantage d'un tel procédé. L'adversaire rationaliste de la métaphysique et du sacré est dispensé par là de tout effort de réfutation argumentée. L'antimétaphysicien « précritique » affronte le croyant sur le terrain de la dialectique et oppose une thèse à une autre thèse, un argument à son contraire. « Dieu est » ; « non, Dieu n'est pas », etc. Mais le criticisme kantien n'oppose pas une thèse à une autre. Il veut, plus subtilement, amener le métaphysicien « dogmatiste » à prendre une conscience *critique* de ce qu'il dit quand il dit, par exemple, « Dieu est ». Ce qui signifie que le dogmatiste ne sait pas vraiment ce qu'il dit quand il procède ainsi à des affirmations dépassant toute expérience sensible – d'ordre métaphysique. Il en résulte que son affirmation n'est ni vraie ni fausse, dans la mesure où elle n'a pas le sens que le dogmatiste lui attribue naïvement. Il n'est pas faux de dire : « Dieu est » – et du reste, Kant, de religion piétiste, croit sincèrement en Dieu –, mais ce n'est pas vrai non plus, étant donné que l'idée de Dieu ne correspond pas à une *connaissance* possible pour la raison : certes, la raison peut bien *penser* l'idée de Dieu, mais cette idée n'est que le reflet hypostasié du besoin d'unité absolue inhérent à la raison elle-même. À l'égard de Dieu, nous pouvons seulement « croire ». Toutes les philosophies dogmatistes, c'est-à-dire tous les penseurs antérieurs à Kant, sont donc victimes d'une illusion interne à la raison elle-même – illusion d'ailleurs inévitable, dit Kant, la critique est un combat permanent –, par laquelle la raison croit connaître quelque chose quand elle ne fait que penser ses propres exigences d'unité. Là est la source de toutes les affirmations métaphysiques.

On le voit, la philosophie de Kant occupe une situation décisive dans le champ spéculatif, et du reste beaucoup n'hésitent pas à voir en lui « le plus grand des philosophes » ; de fait, il y va du destin de l'intelligence. Et c'est évidemment dans ce destin que s'est engouffrée la pensée moderne. Il s'agit de ce que Feuerbach appelait la « méthode génético-critique » et dont il faisait l'arme décisive contre la religion. Réduites à leur cause productrice, les idées religieuses révèlent leur inanité. L'illusion que Kant mettait dans une raison dogmatiste, inconsciente de la genèse par laquelle elle produit des idées qu'elle prend ensuite pour des objets à elle donnés, Freud, quant à lui, la place dans un psychisme inconscient de la genèse par laquelle il projette sous l'aspect d'un surmoi religieux ou moral les échecs inévitables auxquels se heurtent les pulsions du *ça,* tandis que Marx la placera dans l'aliénation économique dont les travailleurs sont les victimes inconscientes et dont la religion n'est que le reflet et l'alibi idéologique.

Or, la méthode du criticisme, qu'elle soit kantienne ou de toute autre sorte, repose sur une thèse radicalement contradictoire et d'ailleurs explicitement revendiquée par Kant : c'est la négation de l'intuition intellectuelle (*intellektuelle Anschauung*), autrement dit, l'affirmation d'une cécité essentielle de l'intelligence. Essentielle, oui, puisque l'illusion qui en résulte est déclarée naturelle, interne, inévitable, nécessaire, par toutes ces écoles de pensée. Si d'ailleurs cet aveuglement n'était pas connaturel à l'intelligence, s'il était seulement accidentel, il serait aussi momentané, et chaque homme en aurait parfaitement conscience : il s'agirait seulement de l'expérience de l'*erreur*, expérience que tous les hommes ont faite, mais qui ne met pas en cause le pouvoir cognitif essentiel de l'intelligence. Il s'agit ici d'autre chose, non d'erreur, mais d'illusion. Précisons, non d'une illusion externe, mais d'une illusion interne à l'intelligence elle-même. L'illusion externe est celle qui vient des objets ou des conditions externes de leur connaissance. Ainsi le prisonnier de la Caverne platonicienne prend l'ombre des objets pour des réalités, non en vertu d'une perversion de l'intellect, mais seulement faute d'avoir fait l'expérience d'autres objets. Son intellect est sain, et dès qu'il est mis en présence des objets métaphysiques, il les *reconnaît* pour véritables. De cette illusion externe, toutes les grandes doctrines traditionnelles ont parlé. Elle n'a donc rien de nouveau. Cependant, Kant et les post-kantiens s'affirment comme des révolutionnaires. Ils se donnent pour les découvreurs d'une illusion – illusion transcendantale chez Kant, du surmoi chez Freud, de l'aliénation chez Marx – dont personne jusqu'à eux n'avait eu la moindre conscience.

Or, s'il en est bien ainsi, personne non plus ne pourra jamais en avoir conscience et il est parfaitement contradictoire de vouloir nous l'enseigner, aussi bien que de prétendre y être soi-même parvenu, par le plus incompréhensible des miracles. On ne peut demander à l'intelligence de prendre conscience de ses limites *essentielles*, car, pour apercevoir une limite, il faut se situer au-delà de cette limite, et donc précisément n'en pas être affecté. La seule thèse qu'il soit possible de soutenir est celle de son illimitation intrinsèque ou essentielle, quoi qu'il en soit par ailleurs de son actualisation effective selon telle situation existentielle. De même, comme l'a remarqué en un sens analogue le philosophe Raymond Ruyer, l'œil ne peut-il apercevoir le bord de sa vision. Le plus extraordinaire est que, si évidentes que soient ces considérations, personne, parmi les criticistes relativistes, ne semble s'en rendre compte. On mesure par là combien radicalement ces philosophies ont corrompu la conscience intellective de nos contemporains. On pourrait dire, en d'autres termes, qu'il n'est au pouvoir d'aucune intelligence de nier le pouvoir de l'intelligence : qu'il s'agisse de la négation criticiste de Kant, ou de la négation psychologiste ou subjectiviste ou relativiste d'une manière quelconque – matérialiste ou existentialiste par exemple.

La présentation guénonienne de la doctrine de l'intellect – la *buddhi* de l'hindouisme –, impeccable sur le fond, soulève cependant quelques difficultés liées à une suraccentuation de son caractère transcendant. De bons connaisseurs de la pensée shankarienne, en particulier, n'ont pas tout à fait reconnu, dans le portrait que Guénon avait tracé de cette faculté supra-individuelle, l'image que nous en donne le texte même de Shankarâchârya[46]. Sous la plume de Guénon, en effet, l'intellect apparaît comme une faculté de connaissance extraordinaire, liée à un haut degré de réalisation spirituelle et donc à peu près inaccessible. Cette description offre l'avantage de rompre avec l'expérience de la connaissance ordinaire, et d'aider à saisir, au moins négativement, l'existence et la nature d'une véritable intellectualité sacrée. Mais, si l'on évite ainsi les confusions, on risque aussi de transformer l'intellect en une sorte de « mythe » noétique et de briser l'unité essentielle de l'intelligence, outre qu'on rend alors difficilement compréhensible la lecture des textes védantins où la *buddhi* ne semble pas jouir d'une supériorité constante relativement au *manas*, c'est-à-dire à l'activité mentale. En insistant exclusivement sur la transcendance, Guénon « démobilise » en quelque sorte

---

[46] Voir, par exemple, le Commentaire aux *Brahma-Sûtra*, II, 3, 30, in *The Vedanta-Sutras with the Commentary by Sankaracarya*, Sacred Books of the East, trad. anglaise de George Thibaut, Dover Publications, pp. 45-47.

son lecteur. La *buddhi* est donnée pour une réalité tellement surnaturelle qu'il se trouve justifié de rester étranger à sa lumière. En réalité, l'intellect, c'est-à-dire l'intelligence, garde son unité et son identité en toutes ses opérations, fût-ce la plus humble. C'est ainsi que Frithjof Schuon a pu dire que l'intellect est « naturellement surnaturel » ou « surnaturellement naturel ». Dire que l'intelligence est intellection véritable en son essence, c'est dire qu'elle est participation humaine à l'acte de l'Intellect divin, qui est permanente actualité de Connaissance, et qui, selon S. Jean, « éclaire *tout homme* venant en ce monde » – et pas seulement les chrétiens.

L'intellect n'est donc pas seulement un « idéal » ou un « rêve » métaphysique, il n'est pas seulement l'apanage de quelques « champions » de la connaissance, mais il est en chaque homme, qu'il en ait conscience ou non, témoignant en chacun de la même et unique Lumière transcendante. Voilà ce que nous appelons un réalisme de l'intelligence. Ainsi les expériences cognitives les plus modestes – au moins en apparence – ou réputées les plus naïves, sont remises à leur place et honorées comme il convient, dès lors qu'elles sont des perceptions de la vérité.

Au fond, en elle-même – non dans les modalités de sa manifestation –, l'intelligence n'est pas « humaine ». Ou encore, et de façon paradoxale, il faudrait dire que le propre de l'intelligence humaine est précisément de n'être pas « humaine », c'est-à-dire limitée à la forme humaine, comme l'intelligence du diamant, de la rose ou de l'aigle, à des degrés divers, ne fait qu'un avec la forme de leur être. Cette intelligence, en effet, connaît tout être, et même l'Être comme tel, alors que la rose ne « connaît » que la rose, ou ne « connaît » Dieu que sous la forme de la rose. C'est pourquoi, d'ailleurs, la forme humaine est « indépassable » en tant que telle, et que l'hypothèse évolutionniste d'un surhomme ou du transhumanisme est dénuée de la moindre intelligibilité. Notre intelligence conçoit même, au-delà de l'Être, l'Absolu sur-ontologique qui en est la Racine infinie, la Possibilité suprême, l'Immaculée Conception. Et c'est cette connaissance de l'Absolu-Infini, laquelle est au fond de la substance intellective, qui rend compte de son objectivité et de son illimitation, c'est-à-dire de sa capacité à prendre conscience de ce qui est comme existant « en soi » et de tout ce qui est.

Ainsi commence à apparaître ce qu'on peut appeler le miracle de l'intelligence. Ce miracle, qui est celui de l'esprit en nous, réfute, par son évidence éblouissante, tous les relativismes, qu'ils soient criticistes, matérialistes, évolutionnistes, en même temps qu'il prouve, par sa nature même, et l'Absolu divin, et la relativité des degrés du réel. Et l'on est fondé à reconnaître la vérité du *cogito* cartésien, non qu'il présente la pensée comme la preuve de l'être, mais simplement qu'il énonce la primauté de la pensée – donc de la conscience et de l'intelligence – par rapport au monde matériel qui nous entoure, sans oublier évidemment que l'une des tendances erronées de cette philosophie peut conduire au rationalisme. Le miracle théophanique de l'intellect constitue la base de la voie de la gnose. Le pire obstacle à l'éveil de la reconnaissance de ce miracle, ce sont tous les assassins du *Logos*, tous ceux qui anéantissent « la science, la pensée claire et l'intelligence », comme dit Platon, hommes qu'il faut « combattre avec toute la puissance du raisonnement » (*Sophiste*, 249).

Mais il est un autre obstacle qui, sans manquer de certaines justifications extrinsèques, ruine aussi bien la possibilité de la gnose véritable, et c'est le fidéisme, le refus de la logique au nom de la transcendance, le prétendu droit du divin à l'absurdité. En principe, aucune révélation ne peut contredire réellement aux exigences fondamentales de la pensée humaine, puisque la pensée humaine est précisément la raison d'être de cette révélation – Dieu ne se révèle pas explicitement aux êtres dépourvus d'intelligence. Certes, la raison, quand elle est coupée de ses racines intellectives ou aveugle aux données de la révélation, ne saurait, par définition, accepter et reconnaître les dimensions les plus transcendantes et, en apparence, les plus paradoxales du divin. Mais, justement, il s'agit d'une raison mutilée. En réalité, et dans son régime normal, la raison prolonge l'intellect – les lois et les principes de l'activité rationnelle expriment sur le plan de la dialectique mentale ce qu'est l'évidence sur le plan de la perception intellective et en traduit – fragmentairement – la lumière indivise dans les coagulations formelles du langage.

Il faut donc l'affirmer sans détour, dans l'ordre de notre *activité* spéculative – ou mentale –, nous n'avons d'autre critère de certitude que la raison et la conformité à ses règles. Mais nous devons aussi prendre conscience que, dans l'ordre de la connaissance, qui est celui de la rencontre avec le réel, avec « ce qui est », et de sa réception sémantique – car elle fait *sens* en nous –, cette rencontre relève de l'intelligence, c'est-à-dire d'une lumière dont notre être proprement humain n'est pas l'origine et dont la source, en vérité, est inassignable. Nous, êtres humains parmi tous les êtres de la nature, nous sommes porteurs de cette lumière, c'est en nous qu'elle s'éclaire et par elle que nous pouvons rendre grâces, à la Lumière infinie, de sa miraculeuse présence.

CHAPITRE XV

DE LA CONNAISSANCE SYMBOLIQUE
À PROPOS DE *LA CRISE DU SYMBOLISME RELIGIEUX*

Mon projet sur le symbolisme religieux s'est formé en moi lorsque Pie XII, en 1950, a proclamé le dogme de l'« Assomption », c'est-à-dire de la montée de Marie au Ciel, en corps et en âme. Mes amis chrétiens voulaient bien donner à ce dogme un sens symbolique, mais non un sens réel et historique. Or, il me semblait au contraire que si cette affirmation avait un sens symbolique authentique, alors, c'est qu'elle était aussi effectivement réelle et historique. En somme, je renversais l'équation ordinaire qui identifie symbolique et fictif – ou non-réel. Sans doute, cette équivalence est-elle validée par l'usage. Mais je pensais qu'il était requis de s'ouvrir à une autre signification, selon laquelle *symbolique désigne une forme sensible qui dans son être même présentifie l'intelligible.* Un tel être sensible, en tant que symbole, ne se réduit donc pas à son être physique, mais il rayonne sémantiquement, il exerce une fonction de présence sémantique. Cette présence, si elle est réelle et objective, ne saurait se ramener à une simple convention culturelle. Elle doit répondre à l'être même du symbole dans sa réalité physique et corporelle. C'est pourquoi je dis, non pas que le symbole « représente », mais qu'il « *présentifie* ». Le symbole ne représente pas, c'est-à-dire ne présente pas une seconde fois ce qui existerait par ailleurs à un autre niveau, dans un autre monde. Le langage nous contraint à distinguer le *symbolisant* du *symbolisé*, mais la symbolique de la révélation chrétienne est placée sous le signe du « Verbe fait chair ». Le *Logos*, le Sens est devenu existence charnelle. Dès lors, il résulte de ce « principe d'incarnation », qui régit toute la phénoménalité christique, que tout ce qui est signification spirituelle doit unitairement se présentifier selon la forme corporelle du Christ.

Ainsi, par exemple, en vertu de la grâce de son incarnation, le Christ ne peut signifier l'effectivité de son dépassement du monde visible qu'en ascendant le long d'une verticale, parce que la verticale réalise en géométrie la sortie hors du plan. Pour un être vivant – subjectivement, quant à sa « conscience spatiale » – dans un univers plan, un espace à deux dimensions – peut-être est-ce le cas des fourmis ou des abeilles –, un objet enclos dans un rectangle est parfaitement enfermé et imprenable. On a moqué la réalité de l'Ascension du Christ, selon le récit qu'en donne l'Écriture, en objectant que l'espace étant illimité, le Christ n'aura jamais fini d'ascender. Mais ce n'est pas ainsi que s'exprime le texte des *Actes des Apôtres*. Ceux-ci ne témoignent pas avoir vu le Christ s'élever indéfiniment de terre jusqu'à le perdre de vue. Ils nous disent, très logiquement, qu'une « nuée vint le soustraire à leur regard ». C'est donc le visible qui signifie *visiblement* le dépassement du visible.

Il ne s'agit pas de démontrer la réalité historique de l'Ascension du Christ ou de l'Assomption de Marie à partir de la physique ou en spéculant exégétiquement sur le texte scripturaire. Je m'appuie sur une logique et une métaphysique du symbole. Assurément, l'Écriture est première, c'est elle qui nous apprend le *fait* ; le Christ a quitté notre monde en s'élevant de terre. Mais ce n'est pas simplement une « image pour dire… », c'est un événement historique conforme à la logique géométrique de la symbolique universelle. Et la métaphysique de l'incarnation m'apprend que le Christ réalise nécessairement par son *être corporel* les significations spirituelles de sa « geste visible ».

Pour autant, je ne déduis pas l'historique du métaphysique ou de l'archétypal. L'historique s'apprend par le témoignage humain, auquel rien ne peut se substituer : un fait se constate. Mais la raison d'être de sa réalité physique et corporelle, c'est de manifester une réalité sémantique transcendante dont il ne peut être séparé sans s'anéantir par morcellement indéfini dans l'éphémère et le microphysique.

Les symboles religieux sont donc les symboles véritables et authentiques. Il faut qu'ils ne mentent pas, qu'ils soient vraiment ce qu'ils signifient. C'est éminemment le cas des symboles chrétiens, car le christianisme est la religion du Verbe *incarné*, du *Logos* fait chair. Le Christ est ainsi le Symbole par excellence, l'Invisible rendu visible, l'Intelligible devenu sensible, le Sens devenu existence. Dès lors, il résulte de ce principe d'incarnation, qui régit toute la phénoménalité christique, que tout ce qui est signification spirituelle doit, unitairement, se présentifier dans la forme corporelle du Christ. Ainsi, en vertu même de son incarnation, le Christ ne peut signifier, ne peut symboliser le dépassement glorieux du visible qu'en ascendant corporellement le long d'une verticale, parce que la verticale symbolise, c'est-à-dire réalise en géométrie, la sortie hors du plan. De même pour Marie.

Assurément, l'Écriture est première parce que c'est elle qui m'apprend que le Christ a quitté le monde visible en s'élevant de terre. La révélation me fait connaître le *fait*. La connaissance réfléchie des lois de la symbolique m'apprend ensuite que cette ascension signifie le dépassement de l'univers. Mais la métaphysique du symbole me prouve aussi la nécessité effective d'un tel événement. La logique de l'incarnation implique que le Christ réalise, dans et par son être corporel, toutes les significations spirituelles de son enseignement, et qu'il les réalise selon les lois objectives de la symbolique universelle. Ainsi, je fonde l'historicité des événements du salut, donc leur réalité, sur la vérité métaphysique de leur signification. Il en découle que la connaissance symbolique renvoie nécessairement à une logique de l'ordre cosmologique, et finalement à une métaphysique, ou plus précisément à une *ontologie des degrés de réalité*.

Deux tâches s'imposent alors au philosophe :

1. – établir que le recours à cette métaphysique est nécessaire, c'est-à-dire inévitable ;

2. – tenter de montrer qu'elle est effectivement possible.

Le premier point répond à l'objection suivante : nous accordons, diront les positivistes, que la symbolique des religions présuppose *une métaphysique des degrés de réalité liés ontologiquement entre eux par des correspondances et des analogies* ; mais cette métaphysique ne s'impose que si l'on prend au sérieux le discours du symbolisme. Si au contraire, on récuse son contenu, comme nous y invitent nos convictions scientifiques, alors il ne reste plus qu'un monde de formes imaginaires, produites par une conscience aliénée. Cette aliénation suffit à expliquer l'apparition et la nature des symboles, ce qui rend inutile le recours à la métaphysique.

Le second point répond à l'objection suivante : à supposer même qu'il soit nécessaire de recourir à une telle métaphysique pour rendre compte de la vérité du symbolique, encore faudrait-il montrer qu'elle est autre chose qu'une rêverie spéculative, qu'elle est autre chose que la traduction en mode intellectuel de ce qu'est le symbolisme en mode imaginal. Sinon, vous édifierez des montagnes de brouillard et vous fonderez la brume des formes religieuses sur les nuages de la métaphysique.

Du second point, je n'ai pas traité explicitement[47]. Quant au premier point, c'est celui qui fait l'objet de *La crise du symbolisme religieux*. L'idée est simple, quoique, à ma connaissance, elle n'ait jamais été développée. *La destruction de l'univers médiéval, sous les coups de la révolution galiléenne, prive le symbolisme religieux des fondements cosmologiques de sa possibilité. Elle rend l'univers physique étranger à toute manifestation du surnaturel.* C'est ce que j'étudie dans une première partie.

Mais, la raison philosophique ne peut se contenter d'entériner les résultats de la critique scientifique. Il faut encore qu'elle rende compte de l'existence et de la nature des formes symboliques : créations de l'imaginaire, sans aucun doute, mais, créations délirantes, puisque les hommes les croient vraies, alors que, selon la science, elles ne peuvent exister. Quelle est donc la cause du délire religieux ?

---

[47] On en trouvera l'exposé sommaire et synthétique dans la nouvelle édition de *La charité profanée* : *Amour et Vérité – La voie chrétienne de la charité*, coll. Théôria, L'Harmattan, 2011, pp. 71-104.

Telle est bien en effet la tâche que s'est assignée la pensée européenne : rendre compte de l'illusion religieuse. Il n'y a qu'une réponse possible, sous des formes et des étiologies diverses : l'aliénation de la conscience humaine. De Feuerbach à Marx, de Marx à Freud, de Freud à Lévi-Strauss et Derrida, le même principe est à l'œuvre : c'est le sujet humain, le sujet rationnel lui-même, qui, s'auto-mythifie parce qu'il s'auto-mystifie. Succédant à cette dénonciation de la conscience aliénée, l'analyse structuraliste veut montrer que le mythe de la raison est la source de tous les mythes[48]. Il n'y a ni *Logos* transcendant ni Sens ultime, sauveur de nos insignifiances et de nos absurdités. La conclusion s'impose : en voulant rendre compte de ce délire qu'est la religion, la rationalité philosophique est conduite, de proche en proche, à procéder à sa propre destitution.

Il faut aller jusque-là si l'on veut mettre la philosophie en face des conséquences de la négation du sacré, en d'autres termes, en face de la « mort de Dieu ». Le rejet du *mythos* conduit nécessairement au rejet du *logos*. Toutefois, le second est moins aisé que le premier, qui se fait au nom de la raison scientifique. Il est même tout à fait impossible. La raison ne peut énoncer rationnellement sa propre invalidité. L'intelligence ne peut intelligiblement nier le sens.

On voit que le combat du *logos* et du *mythos*, combat qui structure toute l'histoire de la pensée moderne, réserve quelques surprises. En apparence, le religieux mythique, face au scientifique logique, paraît philosophiquement en position de faiblesse. Mais il n'en est rien. Et l'histoire de la philosophie occidentale des trois derniers siècles, prouve que l'élimination du sacré pose au rationalisme philosophique des problèmes en réalité insurmontables. Voilà ce que j'ai voulu montrer.

Il reste donc au *logos* à tenter l'autre solution qui est celle d'une conversion au *mythos*, d'une acceptation du *mythos*, sacrificielle pour le *logos*, puisqu'en s'engageant dans la contingence du symbole, il

---

[48] « Structuraliste » parce qu'elle entend montrer que les éléments du discours mythique, les mythèmes, s'organisent structurellement entre eux, sans intervention de la pensée humaine, mais en vertu de leurs seules différences, comme le blanc et le noir, le féminin et le masculin, le cru et le cuit, etc.

doit renoncer momentanément à faire prévaloir ses exigences. Mais c'est une mort en vue d'une renaissance et d'un accès véritable de l'intelligence à l'être. On voit ici comment tous les thèmes de ma réflexion se commandent réciproquement. J'ajouterai que cette méditation métaphysique sur la crise du symbolisme religieux implique une certaine théorie du signe symbolique, théorie que j'ai exposée dans un traité plus technique, intitulé *Histoire et théorie du symbole* [49]; la lecture de ce traité est nécessaire si l'on veut saisir la *logique* de la crise du symbolisme.

Jetant un regard sur le chemin parcouru, depuis novembre 1950, je constate alors que ma pensée philosophique n'a cessé de se laisser travailler par la pensée du symbole. De proche en proche, le symbole religieux a contraint mon intelligence à modifier la vision qu'elle avait du réel, et à opérer un véritable renversement herméneutique : jusqu'ici on avait interprété le symbole en fonction du réel – tel qu'on le conçoit ; désormais, il faut interpréter le réel – ordinairement conçu – en fonction du symbole. Et ce basculement, que réalise exemplairement l'assomption corporelle de Marie, correspond, me semble-t-il, à l'histoire permanente de l'homme. C'est sous la pression des formes créées, qu'au Paradis, Adam actualise son pouvoir de connaissance ; de même, c'est sous la pression de ces formes « paradisiaques » que sont les symboles sacrés, que s'éveille l'intelligence, arrachée au sommeil dogmatique d'un monde habituel, et qu'elle entre dans la pleine lumière de la connaissance surnaturelle. Car il y a, dans l'intelligence humaine, une dimension surnaturelle ; disons mieux encore : il y a dans la nature même de l'intelligence, quelque chose de surnaturel, une capacité supracosmique que le monde de l'expérience ordinaire ne peut éveiller, et qui ne s'actualise que sous l'effet de la rencontre avec les symboles sacrés. À vrai dire, plutôt que d'une véritable actualisation, il serait plus exact de parler d'une prise de conscience, par l'intelligence, de sa nature transcendante, laquelle lui demeurerait inconnue sans

[49] *Histoire et théorie du symbole,* 3ème édition, coll. Théôria, L'Harmattan, Paris, 2015.

l'expérience du symbole, c'est-à-dire sans l'expérience d'une réalité de ce monde qui parle explicitement de la réalité d'un autre monde. Mais l'accès effectif à cet autre monde outrepasse l'expérience symbolique en tant que telle, et requiert la grâce divine ; c'est dire qu'il nous fait sortir du domaine de la philosophie, pour entrer dans celui de la religion, afin que s'opère véritablement la transfiguration du monde.

CHAPITRE XVI

DE LA PIERRE BRUTE À LA PIERRE TAILLÉE

Dans son livre *L'Homme et l'invisible*[50], Jean Servier, ethnologue d'esprit traditionnel, parle de l'homme comme d'une pierre cubique taillée et dégagée de la pierre brute par un maître maçon, afin d'être insérée dans le mur qu'il édifie. Une fois mise en place, une seule des six faces du cube est apparente, les cinq autres sont invisibles. C'est donc cette sixième et unique face apparente qui rend « présente » au regard l'existence des cinq faces invisibles intégrées dans le mur.

Ce symbolisme peut être considéré comme une illustration de ce qui a été exposé au chapitre précédent. On le rencontre d'ailleurs dans plusieurs doctrines traditionnelles, dont, par exemple, la Franc-Maçonnerie[51], et dans l'Écriture sainte. La taille de la pierre représente l'œuvre de la culture, c'est-à-dire la « descente » d'une forme spirituelle dans la substance brute de l'être inculte, descente par laquelle cette substance sera conformée à son modèle céleste. En même temps, cette image montre que la forme spirituelle – ici la forme géométrique du cube – n'est pas seulement ajoutée de l'extérieur à la pierre brute, mais qu'elle est peu à peu dégagée de la pierre brute et qu'elle surgit en quelque sorte comme de son intérieur, de son centre, à mesure que le ciseau du tailleur enlève ce qui la cachait. Si le passage de la pierre brute à la pierre cubique représente, dans l'ordre profane, le passage de l'être informe à l'être formé, de la nature sauvage à la culture disciplinée et maîtrisée, on peut dire que, dans

[50] Éditions du Rocher, coll. La Pierre philosophale, Paris, 1994.

[51] *Cf.* René Guénon, *Symboles fondamentaux de la science sacrée*, Gallimard, Paris, 1962, pp. 309-316.

l'ordre religieux, cela représente le passage de l'être enfoui dans la matière à l'être qui a accédé à son essence spirituelle, ou encore le passage de l'homme déchu par le péché originel à l'homme racheté et sanctifié par l'initiation baptismale. Dans cette perspective, on voit que le maillet du tailleur symbolise la volonté persévérante – le travail spirituel – et que le ciseau est le symbole de l'intelligence qui discerne le réel de l'illusoire, ou encore, à un autre point de vue, qui dégage l'essentiel de l'accidentel. D'autre part, il faut remarquer que cette pierre est taillée non seulement pour elle-même mais aussi pour entrer dans la construction d'un édifice, d'un Temple ou d'une Église. En langage chrétien, il s'agit de l'Église invisible, le Corps du Christ universel, c'est-à-dire de l'Homme véritable, synthèse prototypique de toute l'humanité, nouvel Adam en qui tous les hommes sont sauvés et unis. Que ce salut et cette intégration dans l'Homme universel christique soit figurée, pour l'homme individuel, par un cube à six faces peut se comprendre si l'on se réfère au symbolisme du nombre six. Six est le premier des « nombres parfaits » – selon une dénomination pythagoricienne –, c'est-à-dire d'un nombre qui est égal à la somme de ses diviseurs : les diviseurs de *six* sont *trois*, *deux*, *un* ; et *six* est égal à *trois* plus *deux* plus *un*. D'autre part, si on représente l'univers par un cercle dont la grandeur est proportionnelle à celle de son rayon – le Rayon créateur –, on constate que ce même rayon « mesure » la circonférence, puisque, reporté six fois sur cette circonférence, il y découpe six arcs de cercle égaux. C'est pourquoi le « cercle de la création » se déploie en six jours. De même l'espace se déploie en six directions : droite, gauche, devant, derrière, hauteur et profondeur. Six est donc rapporté au Christ en tant qu'Homme universel – *cf.* également le symbolisme du sceau de Salomon ou étoile à six branches faite de deux triangles équilatéraux croisés, dont le supérieur figure la nature divine et l'inférieur la nature humaine. L'homme individuel étant plutôt représenté par le nombre cinq – les cinq doigts de la main et du pied, les cinq sens, les cinq éléments, etc. –, la taille de la pierre brute en pierre cubique représente la descente de la forme christique (six) dans la forme individuelle (cinq). En l'« informant » ainsi et en l'achevant selon sa perfection, elle lui confère son unité spirituelle ; et en effet *un* ajouté à *cinq* donne *six*. C'est pourquoi lorsque l'homme individuel, l'Adam naturel déchu, est intégré par le baptême dans l'Homme christique universel, l'Adam rédempteur, les cinq faces de son individualité deviennent comme invisibles : elles sont cachées dans l'intérieur du mur ; mais elles ne sont pas détruites, au contraire, elles servent à assurer la parfaite stabilité des murs de l'Église universelle et glorieuse. Et n'apparaît plus alors qu'une seule face, celle qui contemple la liturgie éternelle que célèbre l'Essence infinie de Dieu dans la trinité de ses hypostases.

Ainsi lorsque, par le baptême, la forme spirituelle et glorieuse de la créature humaine est réalisée en qui a revêtu le Christ, alors le quinaire de l'homme individuel, pierre vivante insérée dans l'édifice ecclésial, devient invisible et seul apparaît le sixième visage de l'homme transfiguré.

CHAPITRE XVII

PEUT-IL Y AVOIR UNE CONNAISSANCE DU FUTUR PAR VISION SYMBOLIQUE ?

À PROPOS DE L'APOCALYPSE[52]

L'Apocalypse de S. Jean fait partie d'un genre florissant à l'époque du Christ, et qu'on a appelé précisément l'« Apocalyptique juive ». Apocalypse signifie : « révélation ». Les apocalypses traitent de la fin des temps. De tous les livres du Nouveau Testament, c'est assurément le plus déconcertant pour nous, le plus éloigné de notre mentalité ; c'est aussi le plus singulier par son style et par son contenu. Et l'on sait que, jusqu'au IVème siècle, sa canonicité fut rejetée par certains Pères de l'Église d'Orient.

Ce qui me paraît le plus important, en l'occurrence, c'est que, précisément, ce livre si extraordinaire ait été maintenu au canon des Écritures et finalement accepté par tous, même en Orient. Il témoigne de façon irrécusable, puisqu'il s'agit du texte canonique de la Parole de Dieu, de la canonicité du mode d'expression symbolique, y compris de tous ses procédés, dont l'arithmosophie ou la numérologie sacrée. Et cela est à la fois étonnant et essentiel. Étonnant parce que ce mode d'enseignement s'oppose à la pente globalement rationnelle de la culture grecque dans laquelle s'est coulé l'enseignement de la foi chrétienne. Essentiel, cependant, parce qu'ici le symbolisme joue, si j'ose dire, à l'état pur. Ailleurs, dans l'Écriture, il y a certes du symbolisme : des réalités concrètes et historiques, tels les miracles du Christ et tous les événements de sa

[52] Qu'on ne s'attende pas ici à trouver un commentaire des symboles de l'Apocalypse. Ce serait un travail qui excède de loin ma compétence en exégèse néo-testamentaire.

vie, de sa mort et de sa résurrection sont aussi des *signes* : par exemple le déchirement du voile du Temple, quand Jésus rend l'Esprit, symbolise aussi le dévoilement de l'ésotérisme, l'abolition de la séparation entre l'exotérisme et l'ésotérisme ; ou encore, l'Ascension physique du Christ s'élevant de terre avec son corps jusqu'à ce qu'une nuée le dérobe au regard, symbolise aussi le dépassement de toutes les conditions terrestres d'existence par le Christ glorieux. Mais avec l'Apocalypse on a affaire à des *visions* symboliques, non à des événements historiques ou des descriptions de réalités concrètes. Ces visions portent bien sur des réalités, elles communiquent des enseignements *véridiques* – puisqu'il s'agit d'une révélation faite à Jean par le Christ (Ap., I, 1-2). Mais ces réalités – dont nous ne pouvons avoir aucune représentation réaliste – nous sont enseignées à l'aide de visions symboliques que S. Jean nous rapporte telles qu'elles lui ont été révélées, visions qui relèvent de ce qu'Henry Corbin appelle l'« imaginal prophétique ». Ce que l'Ange communique à Jean de la part du Christ, « Alpha et Oméga », Commencement et Fin de toute l'histoire du monde, ce ne sont pas des « scènes du futur », des « flashes d'anticipation », ce sont des représentations figuratives. Je ne nie pas, *a priori*, la possibilité pour un voyant de recevoir des visions anticipées de scènes réelles du futur, encore que la justification théorique – « scientifique » si l'on veut – d'une telle possibilité pose de difficiles problèmes. Mais, d'une part, ces visions réalistes sont toujours extrêmement fragmentaires, et, d'autre part, S. Jean ne nous dit presque rien sur la signification de *ce qu'il voit*. Au demeurant, il est clair que les prophéties de l'Apocalypse se rapportent soit à des réalités célestes, comme la description de la nouvelle Jérusalem et du cortège des élus, qui ne sont pas susceptibles d'une représentation réaliste spatio-temporelle, soit à des événements futurs historiques et terrestres, certes, mais qui, en tant qu'événements, ne sauraient être annoncés non plus de manière réaliste, « photographique » si l'on veut. Comment *voir* un événement ? Qui a *vu* la Révolution française, la bataille de Waterloo, ou la Première guerre mondiale ? Un événement, saisi dans son unité, c'est d'abord et essentiellement une *signification*, une réalité de nature « mentale » qui ne peut être que signifiée par des idées et des mots, sans que sa réalité objective soit aucunement en question.

Toutefois, dans l'Apocalypse, les événements prophétisés, de même que les réalités célestes et eschatologiques, sont désignés par des images symboliques « projetées » telles quelles dans l'esprit de S. Jean. C'est bien un « dé-voilement » – sens étymologique du grec *apokalupsis* –, mais c'est un dévoilement encore voilé, comme il en va nécessairement pour tout ce qui est *manifesté*. Ainsi l'événement futur ne peut être « signifié » que par figuration, non « montré » dans la forme concrète qui sera la sienne, lorsqu'elle « aura lieu » une fois pour toute dans le cours du temps. Cette figuration renvoie à l'essence de l'événement figuré, qui est sa réalité véritable, son être archétypal, lequel, étant intemporel, n'est ni avant ni après l'événement considéré dans son « avènement » temporel. Cet archétypal n'est pas non plus « au-dessus » de l'être temporel, mais le constitue dans sa réalité même. Cet être archétypal, nous pouvons le concevoir, non le percevoir. En tant que tel, il est donc à distinguer « conceptuellement » de la forme sensible seule donnée à notre expérience quand l'événement « a lieu ». Ne soyons pas ici victimes de la métaphore cinématographique : le film n'offre qu'un futur fictif, puisque ses images sont déjà enregistrées. Le seul futur réel est alors celui de sa projection. N'imaginons pas que, quant à l'univers envisagé selon l'échelle de tous les mondes qui le constituent, mondes physique ou corporel, animique ou subtil, angélique ou intelligible, le futur prophétisé soit enregistré quelque part dans une sorte de mémoire cosmique, si bien qu'il pourrait être éventuellement « *vu* à l'avance ». Il n'est connaissable par l'homme que selon son existence concrète, au moment où il se produit effectivement. Le monde des essences ne double pas celui des existants ni ne le déréalise : il le fonde et lui donne son sens.

Cette conclusion n'est-elle pas en contradiction avec la possibilité, admise précédemment, de « flashes d'anticipation » ? Une tentative d'explication est ici nécessaire. J'ai admis cette possibilité par principe, parce qu'il y a plus de choses au Ciel et sur la terre que ne peut en contenir toute la philosophie. Il faut cependant s'efforcer de montrer comment une telle anticipation est possible. Il me semble que ne pas écarter cette possibilité, c'est reconnaître qu'il existe des « courts circuits » temporels, autrement dit, que la linéarité du temps n'exclut pas son déroulement en spirales, si bien qu'un événement B, linéairement éloigné d'un événement A, peut se trouver « spiralairement » très proche de lui. Quand nous parcourons linéairement le temps, chaque moment s'éloigne du moment précédent et s'en trouve à jamais séparé. C'est la loi de successivité qui gouverne l'existenciation temporelle des choses : un moment n'existe qu'après un autre et qu'avant celui qui lui succèdera. Pour celui qui est sur la ligne du temps – c'est notre cas –, la successivité s'impose inexorablement – cette ligne d'ailleurs n'existe pas avant que nous la parcourions, elle est tracée ou « dessinée » par notre parcours lui-même, c'est-à-dire notre vie. Le temps linéaire c'est le mode de réalisation de l'existence, selon la signification étymologique du terme, ce dont la « *sistance* » ne peut se tenir en elle-même puisqu'elle est « *ex* ». Mais notre vie n'est pas pure successivité, elle n'est pas faite de moments radicalement isolés les uns des autres par une infranchissable distance temporelle. La pure succession est une vue de l'esprit, une abstraction formelle, une limite idéale – que nous ne pouvons saisir en elle-même. L'existence dans le devenir est, *plus profondément*, conditionnée par des modes permanents de structuration, sinon cette existence s'anéantirait dans une atomisation d'instants indéfiniment évanescents. Ces permanences structurelles déterminent, dans le déroulement linéaire du temps, des phases qualitativement analogues et fondent une vision cyclique ou spiralaire du devenir. En effet, la meilleure représentation géométrique de ces analogies de phase consiste à dessiner, à partir du centre d'une croix, une spirale qui déroule ses spires autour de ce centre, chaque spire, en multitude indéfinie, traversant les mêmes quatre quartiers que délimitent les deux axes de la croix. On peut aussi à partir du centre, tracer une indéfinité de rayons. Chacun de ces rayons rencontrera la multitude des spires en une multitude de points tous situés sur le même rayon. Ce qui signifie que tous les points de ce rayon, quoique situés sur des spires temporelles différentes, sont en correspondance les uns avec les autres ; autrement dit, chaque moment du temps est en correspondance avec tous les moments des autres spires situés sur le même rayon qui les rattache au centre. On voit qu'il y a deux moyens, pour un moment du devenir, d'être rattaché au centre d'origine : soit linéairement – ou longitudinalement – par éloignement à partir de l'origine selon la loi de successivité, soit, transversalement, selon les axes qui ordonnent et structurent en permanence le déploiement du devenir.

Ce n'est pas tout, car on pourrait encore me faire l'objection suivante : si la loi de successivité s'impose pour le parcours linéaire de l'existence qui est le nôtre, comment ce qui n'existe pas encore en tant que tel pourrait-il affecter une conscience, en l'occurrence, celle de S. Jean ? Admettre que le déroulement temporel passe par des phases analogues dont rend compte la représentation spiralaire n'implique nullement que ces phases aient déjà eu lieu et n'exclut nullement la successivité. Les points A et B dont nous parlions peuvent bien se trouver sur le même rayon, ils ne sont pas pour autant contemporains, à moins de considérer le devenir comme déjà accompli, ce qui contredit à la loi de successivité.

Répondre à ces objections n'est pas aisé. Ne pouvant présentement m'engager dans un exposé complet (!) sur le temps[53], je dirai seulement, d'une part, qu'on ne peut séparer le temps vécu de la conscience du temps, ou si l'on veut, le présent temporel de la présence vivante, la ligne du temps du parcours effectif de cette ligne ; d'autre part, que, d'une certaine manière, il est bien vrai que les temps soient déjà accomplis. Non pas à la manière d'un film dont toutes les images sont déjà là, de telle sorte que ce qui se déroule dans une sorte d'éternité se déroule une deuxième fois dans la succession temporelle de la projection cinématographique. Mais tout est « déjà accompli » dans la mesure où tout ce qui s'accomplit *hic et nunc* fait partie de l'être et du réel, connu et existant *pour Dieu*

[53] Dont on trouvera un aperçu dans la 2ème partie de *Marxisme et sens chrétien de l'histoire*, coll. Théôria, L'Harmattan, Paris, 2016.

dans son unité et sa totalité. C'est notre présence à l'être qui rend l'être présent et notre absence qui le rend absent. Le temps est la mesure de notre appréhension du réel, ou plutôt l'une des mesures de notre appréhension. Chaque unité temporelle de mesure de notre appréhension, qui correspond à un acte de présence, s'inscrit dans la totalité du réel et, d'une certaine manière, est *porteuse de cette totalité*. De même que chaque unité corporelle, chaque monade corporelle reflète en elle l'univers entier – tout est réellement en tout –, de même chaque moment du temps, chaque monade temporelle reflète en elle la totalité du devenir, recèle en elle un écho de tous les temps. C'est cet écho que perçoivent certaines consciences que leur relative absence au temps présent rend peut-être sensibles à ces résonances temporelles. Non qu'elles vivent à l'avance ce que d'autres vivront plus tard, puisque, étant l'acte d'une liberté, chaque acte de vie est unique et transcendant : de ce point de vue, il n'y a pas de répétition. Mais la transcendance d'un acte libre s'inscrit nécessairement dans l'ordre d'un monde. Qui dit monde dit totalité spatiale *et* temporelle *unifiée*, où tous les éléments sont pris dans une interdépendance universelle, où tout réagit sur tout, où tout est en quelque sorte présent à tout. D'où ces échos temporels, plus ou moins déformés, que certaines consciences peuvent accidentellement capter, dans la mesure même où les réseaux qui assurent cette interdépendance ne sont pas de nature corporelle – l'ici-maintenant du physico-chimique –, mais de nature subtile ou « psychique ».

Les considérations précédentes, lointainement inspirées de Leibniz, de Ruyer et de Guénon, sont évidemment hypothétiques et balbutiantes. Elles trouveraient cependant une sorte de confirmation dans le fait que beaucoup de ceux qui ont cru recevoir ainsi des « flashes d'anticipation » sont généralement incapables de localiser ce qu'ils ont vu dans le temps et dans l'espace. Un exemple flagrant est celui d'Anne-Catherine Emmerich ; ce qu'elle connaît *par ailleurs*, elle peut le localiser : les évangiles lui fournissent le cadre de la vie de Jésus, éventuellement un ange peut l'en informer où le Saint-Esprit. Mais elle a eu aussi beaucoup de visions dans le futur, semble-t-il, dont elle ne sait ni à quel temps ni à quel lieu elles se rapportent. Cela semble prouver que c'est le parcours linéaire du temps qui permet de situer les événements les uns par rapport aux autres. Il y a là une *logique du temps* qui introduit de l'ordre, ou un ordre, selon l'enchaînement des causes et des effets. La successivité est une forme frappante de cette logique, forme qui nous instruit puissamment, selon le principe *post hoc propter hoc*, dans la conviction que les antécédents produisent toujours des conséquents. Ainsi le mode d'appréhension du réel selon le schème de la successivité, s'il impose une limitation à notre connaissance, constitue également une mise en ordre du monde qui nous permet d'échapper à l'indéfinité engloutissante de l'océan cosmique.

Je n'ai pas la prétention de rendre compte maintenant de la possibilité de formuler des prédictions à partir de l'utilisation de certains procédés traditionnels – toutes les formes de *mancie*. Ces procédés reposent sur l'idée qu'il existe, à travers la multiplicité des temps, des permanences structurantes et comme archétypales qui établissent les éléments d'un temps dans une relation d'analogie avec ceux d'un autre temps, de telle sorte que les premiers peuvent être interprétés comme signes des seconds. En vertu de cette unité de tous les êtres, de ces homologies de structures qui ordonnent tous les degrés d'existence, une réalité quelconque peut *a priori* être lue comme le signe d'une autre réalité. Évidemment, cette lecture suppose qu'on sache lire la réalité en question, qu'on possède la science du déchiffrement des réalités prises comme signes. La possédât-on, il faudrait encore être capable de l'appliquer au cas particulier à propos duquel on a fait usage d'un art divinatoire. On peut bien dresser un horoscope avec exactitude, on peut même – c'est déjà plus difficile – en connaître la signification symbolique, mais il faut en outre faire l'application de cette signification symbolique et générale au cas particulier de la personne dont on a dressé l'horoscope et dire comment cette signification va se traduire concrètement dans sa vie : et là, la marge d'incertitude devient vraiment considérable[54].

[54] Sur ce sujet, voir Louis Saint-Martin, *Sagesse de l'astrologie traditionnelle – Essai sur la nature et les fondements de l'astrologie*, préface de Jean Borella, coll. Théôria, L'Harmattan, Paris, 2018 [NdE].

Précisons que – contrairement à une croyance vulgaire –, les astres sont des signes et non des causes des événements futurs[55].

Quoi qu'il en soit, le cas des arts divinatoires est autre que celui des « visions prémonitoires », ce que j'ai appelé les flashes d'anticipation : dans le premier cas, on utilise délibérément des techniques – c'est le sens du mot « art » – permettant théoriquement de prédire des événements relatifs à une personne ou à une entreprise ; dans l'autre, il s'agit d'expériences involontaires reçues passivement, ou qui, même délibérément recherchées ou attendues, ne peuvent pas, semble-t-il, être produites à volonté. En outre, elles consistent, non en prédictions, mais en prévisions, en « visions » anticipées. Au demeurant, le Christ lui-même nous enjoint de savoir lire les « signes des temps ».

Le cas des révélations de l'Apocalypse est encore différent. Il s'apparente à celui des visions anticipées quant à la passivité de leur réception. Jean n'a utilisé aucune technique pour les obtenir. Elles sont venues à lui de par la volonté de Dieu. Mais leur contenu ne consiste nullement en perceptions anticipées de scènes réalistes, même fragmentaires. Il s'apparente plutôt à la symbolique que mettent œuvre les arts divinatoires. Ces visions ressortissent donc au domaine des structures archétypales permanentes qui ordonnent le déroulement de toutes les phases du devenir, et les images qui les composent ne sont qu'une traduction symbolique, dans le domaine de l'imaginal, de ces permanences structurales. Les événements que décrit le voyant de Patmos sont donc, d'une certaine manière, des « événements permanents », des clés qui peuvent s'appliquer à des époques différentes de l'histoire de l'Église, des « événements archétypes » qui nous sont donnés non seulement pour prévoir le futur de l'Église – du moins me semble-t-il –, mais aussi pour déchiffrer son présent.

Je ne voudrais pas laisser croire, cependant, que toute lecture de l'avenir de l'Église à partir de l'Apocalypse est impossible ou hors de propos. Assurément, si le Ciel et la terre – qui passeront – con-

---

[55] Plotin, *2ème Ennéade*, III, 1.

tiennent plus de choses que toute philosophie ne peut en rêver, combien plus les paroles de Dieu – qui, elles ne passeront pas. Il est donc légitime de chercher à lire les signes des temps à la lumière des enseignements de l'Apocalypse. Il est même parfois nécessaire de le faire, ne serait-ce que pour éprouver critiquement la valeur des pseudo-prophéties ou même des prédictions, éventuellement authentiques, qui peuvent surgir çà et là, parfois en provenance du Ciel, par exemple à Fatima, en 1917. Nonobstant, je crois que, dans une lecture de ce type, il faut garder présents à l'esprit les deux principes suivants : d'une part « nul ne connaît ni le jour ni l'heure » ; d'autre part, toute interprétation engage la libre intervention d'une intelligence humaine, faillible par nature, et ne saurait résulter de la simple application de règles herméneutiques, fussent-elles considérées en elles-mêmes comme certaines.

Resterait maintenant, après ces préliminaires, à envisager le texte de l'Apocalypse en lui-même. Je ne m'y risquerai pas. Une chose me paraît évidente : l'Apocalypse est bien le résumé de l'histoire « christique » de l'humanité, de l'histoire humaine en tant qu'elle est marquée par le signe du Christ. Ce qui le prouve, c'est que, dès les premiers versets, le Christ est présenté comme le Seigneur des temps, l'Alpha et l'Oméga, le commencement et la fin, Celui qui était, qui est et qui vient (Ap., I, 8). Ici, les temps sont accomplis, puisque la fin rejoint nécessairement le commencement, mais ils sont accomplis seulement *dans* et *par* le *Mysterium Christi*, qui est le Sacrement du temps, c'est-à-dire l'Action sacrée au cœur du temps par laquelle le temps est sauvé et racheté. Dans cette liturgie historiale du Christ répandue et communiquée par l'Église, à chaque instant les temps sont accomplis, car le Christ vient toujours et à chaque instant « dans la plénitude des temps ». Chaque moment du temps devient ainsi prophétique de la venue ultime, présence permanente de l'*eschaton* dans l'histoire des hommes qui accomplit véritablement et perpétuellement le temps. Par la grâce de l'*eschaton* christique, chaque moment du temps est l'ultime et fait retour à l'éternité de Dieu. Là est la clé de toute prophétie. En somme, l'Apocalypse est le livre de la seconde venue du Christ, celle que les chrétiens ont toujours tendance à oublier et que ce livre a pour fonction de nous rappeler, et à l'attente de laquelle il nous appelle : « Viens, Seigneur Jésus ! » (Ap., XXII, 20).

CHAPITRE XVIII

L'ÊTRE DES CONFINS : « NOBLESSE OBLIGE »

S. Thomas d'Aquin enseigne que l'âme humaine est située aux confins du monde corporel et du monde spirituel[56]. « Confins » signifie exactement : frontière commune, ou limite commune. L'homme est l'être en qui l'Invisible devient visible et le visible devient invisible. C'est là sa fonction et donc la tâche, le devoir que lui impose sa nature : corporéifier l'esprit et spiritualiser le corps. Le plus souvent, nous faisons l'inverse : nous corporéifions le corps, c'est le matérialisme pratique – ou de fait ; et nous « spiritualisons » l'esprit, c'est l'Angélisme – ou l'idéalisme – qui remplace les réalités spirituelles par des théories abstraites et finalement les abstractions par des mots – progrès, démocratie, égalité, droits de l'homme, libération de la femme, etc.

Être homme, c'est être porteur d'une transcendance, celle de l'esprit. Il y a en nous une réalité qui dépasse l'ordre corporel tout entier. Tâche écrasante ! Noblesse presque impossible à assumer, grandeur invisible, quasi-surnaturelle, dont rien dans le monde visible ne peut nous donner véritablement une idée. Et nous n'avons pas le choix, nous n'y pouvons rien, cette transcendance est là, en nous, que nous le voulions ou non, que nous le sachions ou non. Bien que l'immense majorité des hommes, *dans les civilisations modernes*, n'en aient guère conscience, cette transcendance de l'esprit est présente en chacun de nos actes, en chacun des moments de notre vie. Elle confère à nos actes, à nos pensées, à nos sentiments et

[56] *Questions sur l'âme*, art. 1, ad Resp.

affections une valeur et une portée incommensurables qui demeurent toujours quelque peu mystérieuses. Au fond, nul homme n'est à la hauteur de son humanité. Nul homme – à l'exception du Christ – n'est l'homme véritable. Et c'est de cela que, consciemment ou non, nous souffrons. Car tout homme sent bien qu'il y a en lui quelque chose qui le dépasse, une noblesse ontologique qui est engagée dans chacune de ses actions, fussent les plus anodines ou les plus basses. Et c'est pourquoi, au fond de nos entreprises criminelles, de nos tentatives d'avilissement et de déchéance, il y a la haine de soi, la volonté et le plaisir pervers de salir notre grandeur et de punir en nous une irréductible élévation qui nous humilie et accuse notre indignité.

Comment être homme ? Voilà la question qui se pose à tout être humain. Le chêne ou le chat « savent » ce qu'il faut faire pour être chêne ou chat, et ne savent que cela. L'homme ne sait pas. Il doit apprendre à « s'humaniser » ; « faire l'homme » n'a jamais, pour l'homme, l'évidence et la force contraignante d'une loi de la nature : entre le sujet humain et la règle de vie qu'il doit mettre en œuvre pour réaliser sa nature – car il y a bien une nature humaine, mais une nature à faire, à accomplir, à actualiser – se situe un hiatus, une solution de continuité, un vide que seul peut surmonter le choix volontaire, la décision libre et intelligente. Aucun acte humain, proprement humain, ne résulte d'un simple fonctionnement mécanique, ou, si l'on préfère, d'un processus instinctif, c'est-à-dire d'un savoir-faire inné, immuable et automatique, tel que le règne animal nous en donne d'innombrables exemples – instinct de nidification, par exemple. Au sens rigoureux du terme, l'homme n'a pas d'instinct. Cette distance entre le sujet humain et la tâche à accomplir pour être lui-même, pour réaliser sa nature, est le lieu même où s'insère sa liberté de choix.

Cette situation de la condition humaine entraîne deux conséquences : d'une part les règles, les lois et les préceptes de réalisation de la nature humaine – d'« humanisation », pourrait-on dire – sont frappés d'une certaine contingence ; puisqu'ils ne s'imposent pas nécessairement, ce qui signifie qu'on pourrait ou peut-être qu'on devrait faire autre chose, suivre une autre loi de formation (*Bildung*), d'« humanisation » ; d'autre part, le choix auquel l'homme est condamné ne peut s'effectuer au nom d'une simple exigence d'efficacité technique – ce qui reviendrait à soutenir que les actes humains sont réglés par la seule nécessité. Il s'ensuit donc que ce choix ne peut s'effectuer qu'au nom d'une valeur préférée à d'autres valeurs, bref au nom du bien, ou, plus précisément, au nom de la valeur élue comme bien. Il s'agit évidemment du bien de la nature, de ce qui est bien pour l'homme, mais le bien de la nature implique aussi une visée du bien en soi. Je pourrais en effet – et c'est là, au demeurant, une possibilité qui se réalise quelquefois – décider de ne pas satisfaire à ce qu'exige le bien de la nature humaine, si je juge, par exemple, que tel homme ne le mérite pas, ou même que l'homme en général n'en est pas digne, ou parce que la satisfaction de tel bien particulier serait contraire à l'exigence d'un bien plus général. Faire le bien de quoi que ce soit – de l'homme ou d'un être quelconque – suppose donc que j'admette qu'il est bien de faire ce qui est bien. Ainsi, l'homme est-il un « animal moral », c'est-à-dire un être dont tous les actes – même les actes de connaissance – sont axiologiquement orientés, c'est-à-dire sont traversés par la polarisation bien-mal. Ce qui signifie que nous n'agissons que pour accomplir un bien et éviter un mal, même lorsque nous voulons du mal à quelqu'un d'autre ou à nous-même – « toute volonté désire son bien », disent S. Thomas et Platon – en tant qu'il nous paraît bien d'accomplir ce mal ; ce qui signifie aussi, réciproquement, que tout acte humain fait l'objet d'une appréciation morale. D'où la question : dans quelle mesure tel acte a-t-il satisfait à l'exigence du bien au nom duquel il a été accompli ?

Comme on le voit, l'exigence morale du bien ne saurait être ramenée à une simple exigence de la nature. Il est vrai qu'agir c'est toujours faire quelque chose de déterminé et donc c'est accomplir ce qui est bien au regard de ce que demande telle situation, c'est-à-dire, en fin de compte, l'ordre de la nature. Mais encore faut-il qu'il soit jugé bien d'accomplir tel bien. Aucune action humaine ne peut être exonérée de cette référence à un Bien transcendant à tout l'ordre de la nature. On pourrait évidemment, au nom de cette transcendance, en déduire que la moralité exclut la nature – c'est l'erreur mortelle du kantisme : cette conclusion désastreuse ignore que, sans l'ordre de la nature et ses exigences, nous ne saurions *que* faire. C'est, hélas, la catastrophique conception de la liberté que met en œuvre la société actuelle : libérer l'homme des contraintes de la nature. Mais une fois libéré, que fera l'homme de sa liberté ? S'imagine-t-on qu'il est en mesure de créer de lui-même les contraintes de ses tâches librement inventées ? Quelle hypocrisie ou quelle bêtise ! C'est la liberté du néant : dans un désert parfaitement plat, aucune contrainte de parcours ne s'impose à moi – ni route, ni ville, ni fleuve, ni précipice, ni voie ferrée, ni rue, ni muraille –, mais il n'y a non plus aucun endroit où aller ; pouvoir *tout* faire, c'est ne rien faire. La vraie liberté, c'est être capable de vouloir ce que je dois faire, de dire vraiment oui à ce qui s'impose à moi : c'est ce qu'on appelle le courage ou le cœur ou la générosité. Il n'y a donc aucun doute que c'est la nature qui nous dicte nos tâches, et sans elle nous sommes *perdus* ; mais *obéir* à son dictamen, c'est le vouloir – sinon il n'y a pas obéissance –, et le vouloir, c'est *possiblement* ne le vouloir pas ; c'est donc le choisir au nom du Bien.

On voit ainsi comment la transcendance s'inscrit au cœur de la condition humaine, ou encore comment la condition humaine a partie liée avec la transcendance, non seulement dans l'ordre de la connaissance – par l'intelligence–, mais aussi dans l'ordre de l'action – par la volonté libre. Si l'homme était un pur produit de la nature, il *fonctionnerait* selon les déterminations immanentes des lois de la nature : il « ferait l'homme », comme le chêne « fait le chêne » et comme le chat « fait le chat ». Mais, pour l'homme, pour chaque homme, l'homme est toujours à faire ; non que nous puissions faire autre chose que l'homme – en ce sens nous n'avons pas le choix –, mais parce que, *a priori*, nous ne savons pas faire l'homme et que donc nous pouvons le manquer et produire un monstre.

Ruyer déplorait, avec un peu d'humour, qu'il n'y eût pas une anthropoculture, comme il y a une pisciculture, une ostréiculture ou une apiculture. Et en effet, on ne sait pas produire de l'homme comme on produit du poisson, des huîtres ou du miel. C'est qu'il suffit d'observer la nature et d'en étudier les procédés pour reproduire avec art ce qu'elle produit en fait de poissons, d'huîtres et d'abeilles, toujours à l'identique, compte tenu des différences spécifiques. Mais l'homme n'est pas entièrement fait par la nature, il n'est pas, à tous égards, un produit naturel et il ne suffit pas d'observer l'homme tel que le produit la nature pour savoir le reproduire. Ce point est si important et si décisif qu'il convient de s'y arrêter un instant : d'une certaine manière, là est le centre nodal de la question.

Je pourrais résumer l'intégralité des problèmes que soulève la condition humaine en disant que *l'homme naît avant terme*, c'est-à-dire qu'il naît inachevé. Biologiquement déjà, la chose est incontestable : l'ossification de la boîte crânienne n'est pas terminée, la myélinisation – les gaines qui entourent les nerfs – n'est pas achevée, et ainsi de suite. En outre, le bébé naît sans équipement comportemental – à l'exception de l'instinct de succion : tel quel, il n'est pas *viable*, abandonné à lui-même, il meurt. Sans doute un certain nombre d'animaux, oiseaux, mammifères, etc., ont-ils besoin, pour vivre, de l'aide maternelle ou parentale. Mais la plupart sont, à la naissance, pourvus, au moins potentiellement, de l'équipement complet qui leur permet de vivre, même si certaines parties de cet équipement n'apparaîtront qu'au cours du développement qui les conduira au stade adulte. Il n'en va pas ainsi pour le petit d'homme. Son développement biologique naturel ne lui permet pas de parvenir à la pleine réalisation de ses possibilités simplement corporelles. Les quelques cas connus d'« enfants sauvages » – dont la croissance s'est effectuée, suppose-t-on, sans le concours de la société – montrent chez ces enfants des déficiences physiques considérables et irréversibles : vision et audition faibles, mobilité du corps réduite, espérance de vie très diminuée etc. En outre, et c'est là sans doute le plus important, on constate que le « frayage des voies nerveuses », c'est-à-dire l'établissement au niveau du cortex d'un réseau permanent de connexions neuronales – dont dépendent toutes les capacités physiques, musculaires et sensorielles de l'être humain – ne peut se réaliser, faute d'incitations sociales. Or, ce processus s'effectue principalement durant l'enfance et l'adolescence, quoique les travaux les plus récents semblent montrer qu'à tout âge le cerveau est capable d'établir de nouvelles connexions neuronales. Il reste cependant que l'équipement cérébral, anatomiquement repérable, se constitue surtout au moment de l'éducation – vie familiale et sociale. C'est l'activité intellectuelle qui structure anatomiquement le cerveau et lui confère ses capacités. Au-delà de seize ans environ, cette structuration ne s'opère plus aussi aisément : l'équipement neuronal dont est doté le cerveau est à peu près acquis. S'il ne l'a pas été, ou s'il ne l'a été que de façon médiocre, les performances du cerveau humain seront irrémédiablement limitées. Ainsi les « enfants sauvages » retrouvés se sont révélés inaptes à l'apprentissage de la parole.

Il faut donc affirmer de la manière la plus nette, qu'au sortir de la matrice maternelle, l'enfant exige pour réaliser sa nature d'homme, aussi bien corporellement que spirituellement, une seconde matrice, extra-utérine, la matrice culturelle, qui n'est pas moins indispensable que la première. L'erreur serait de voir dans cette notion de matrice culturelle – ou sociale, si l'on veut – une image, une manière de dire, alors qu'il s'agit de l'expression pure et simple de la vérité. Au sens le plus rigoureux du terme d'être humain, cette « unité psycho-corporelle », *se forme* non seulement dans le sein maternel, mais encore dans le sein social : cette formation (*Bildung*) psycho-biologique, c'est ce qu'on appelle l'éducation. Et c'est pourquoi, comme le dit Aristote, l'homme est un animal « politique », au sens même où l'on peut dire que le poisson est un animal aquatique ; politique étant entendu ici au sens de la *polis*, la « cité des hommes ».

C'est donc le caractère prématuré de la naissance humaine, son « incompétence » vitale, qui entraîne la nécessité d'une embryologie culturelle et sociale. On peut dire que l'immense édifice des sociétés, des cultures, des religions, et toute l'histoire de l'humanité, « résulte » de – ou plutôt est conditionnée par – la prématurité du nouveau-né humain et de l'incomplétude qu'elle implique concernant sa formation : l'inachèvement de l'embryologie biologique exige un achèvement par embryologie culturelle.

Toutefois cette embryologie socio-culturelle, bien qu'elle constitue le prolongement nécessaire de l'embryologie utérine, présente aussi, relativement à cette dernière, un caractère de rupture. L'embryologie utérine « obéit » à des lois ou s'effectue selon des processus qui lui sont immanents et qui ne font qu'un avec la formation embryologique elle-même, sans qu'on puisse d'ailleurs réduire ces processus de formation à de simples fonctionnements physico-chimiques – *cf.* à cet égard ce que Ruyer a montré, de manière irréfutable, dans *La genèse des formes vivantes*[57]. L'embryologie socio-culturelle, pour sa part, obéit à des normes, à des idéaux, à des thèmes sémantiques, à des valeurs nécessairement transcendants et qui ne sont visés ou connus que par mode de *signes*, comme le montre l'exemple du langage qui est le processus fondamental de l'embryologie culturelle. Les essences, les normes, les valeurs, les thèmes sémantiques ne se donnent jamais en tant que tels comme des éléments objectivement repérables des processus de formation humaine. À leur égard, nous sommes dans une situation difficile : d'une part, ils s'imposent comme règles nécessaires à toute entreprise d'éducation, d'« anthropoculture » : les ignorer, c'est empêcher l'homme d'être formé et le vouer à la destruction ; mais, d'autre part, on ne saurait les connaître directement et en eux-mêmes, on peut seulement les rechercher, les deviner, s'orienter vers eux, les viser de loin, « en toute liberté », avec d'inévitables risques d'erreur et donc d'échec.

Je retrouve ici la question dont je suis parti : comment faire l'homme ? Car l'homme est « à faire », il me semble l'avoir démontré, et l'on ne saurait s'en remettre pour cela au seul jeu des déterminations naturelles : l'homme est condamné à la liberté, et donc à la transcendance. C'est pourquoi l'embryologie humaine, c'est-à-dire l'éducation, est nécessairement affaire de tradition. De tradition, d'abord parce que la valeur d'un principe ne se connaît qu'à ses applications de longue durée : ce qui a fait ses preuves est nécessairement bon – même s'il entraîne de nombreux effets négatifs, trop

---

[57] Flammarion, 1958.

aisément constatables et dénonçables – et, en matière éducative, les « expériences » sont interdites, comme pour tout ce qui relève de la *vie humaine*, qui est réglée par le principe du tout ou rien : vivre ou mourir, il n'y a pas de milieu. Autrement dit, les expériences malheureuses sont bien souvent des catastrophes à peu près irréparables. Or, ce qui se fait depuis longtemps prouve au moins une chose : que cela a permis aux hommes de vivre jusqu'à nous : est-on assuré qu'en faisant autrement on parviendra au même résultat ? Sans doute adopte-t-on de nouveaux usages dans l'intention de remédier aux défauts des anciens. Ce faisant, on oublie que ces antiques manières de faire eurent leur nécessité qui bien souvent demeure lorsqu'il s'agit de choses fondamentales. Seulement, cette nécessité n'est plus ressentie, elle s'est effacée dans l'insignifiance du décor habituel de notre existence.

De tradition aussi, parce que ce qui est traditionnel, c'est, originellement, ce qui vient du Ciel, sinon c'est le produit d'une innovation humaine. Or, s'il est vrai que les valeurs, les normes, les thèmes sémantiques surplombent les processus morphogénétiques de l'embryologie culturelle où ils s'inscrivent, de telle sorte qu'ils ne peuvent être visés que par « transascendance », il doit être également vrai que leur incarnation, leur mise en pratique dans le monde humain, ne peut se faire que par « transdescendance », c'est-à-dire qu'elle exige la médiation d'une révélation.

Chacun sait, en effet, que, dans l'ordre des activités humaines de la vie ordinaire, il ne suffit pas de savoir pour faire. Aucun savoir n'est de soi un savoir-faire. Mettre en pratique une recette de cuisine exige autre chose que de savoir lire un livre de cuisine, la théorie ne saurait prévoir toutes les conditions que le réel concret impose à son application, et l'on a généralement besoin que « quelqu'un nous montre ». De même, et *a fortiori*, dans l'ordre moral et anthropoculturel, la conscience de ce qui est à faire ne suffit pas à nous en donner le savoir, et l'on se souviendra ici que « l'enfer est pavé de bonnes intentions ». Le passage de la théorie à la pratique, ou de la vérité à l'être, ou plutôt la possession d'un savoir qui soit aussi un faire – et qui donc est autre chose qu'une abstraction –, c'est ce qu'on appelle la *sagesse*. Or la sagesse, de soi, est divine, et ne se communique que par transdescendance. Seul l'art divin qui a conçu l'être des créatures est en mesure de l'accomplir. C'est ce que nous voyons tous les jours dans l'ordre de la nature, qui est l'œuvre de Dieu, c'est-à-dire où œuvre l'Art divin, la Sagesse naturante de Dieu, car *la nature est une opération*. Mais l'homme est un être plus que naturel, en tant même qu'il est, dans l'ordre de la nature, esprit et liberté. Non qu'il n'ait pas de nature, comme l'a soutenu, de manière assez démente, l'existentialisme sartrien. Mais cette nature est une tâche à accomplir : devenir ce que je suis, et donc le vouloir, ce qui implique une sorte d'indétermination et d'ignorance, mais aussi de risque et d'échec ; et là, bien des analyses de Sartre me paraissent éclairantes. Dès lors que je ne peux que vouloir ce que je suis, sans être jamais assuré que ce que je veux – et fais de moi-même – soit identique à ce que je suis – à ce que je dois être –, c'est qu'il y a en moi une distance humainement irréductible entre le *je* libre et conscient et la nature de mon être, entre mon existence et mon essence. Cette situation conditionne toute entreprise d'éducation, au sens fort qu'il faut donner à ce terme, qui est celui d'une *anthropo-poïesis*, d'une « humanisation » : comment faire l'homme ? Comment accorder l'existence et l'essence ? La distance humainement irréductible qui les sépare ne peut être franchie que divinement. La surnaturalité « naturelle » de l'être humain requiert une initiative et une intervention surnaturelles. Je dirai, plus simplement encore, que l'accord de l'existence et de l'essence requiert la *grâce*. Déjà, dans l'ordre du sensible, la grâce est-elle autre chose que l'accord miraculeux d'une forme et d'un sens, d'une chair et d'un verbe ou d'une idée, d'un corps et d'une intention, d'un mouvement ou d'un geste et d'une signification ? Combien plus, dans l'ordre de l'intelligible et du sémantique qu'est le monde de la culture et de l'anthropogénèse ! C'est pourquoi il est littéralement vrai de dire : « l'homme ne vit pas seulement de pain, mais l'homme vit de tout ce qui sort de la bouche de Dieu » (Deut., VIII, 3). Cela est vrai de la vie religieuse et surnaturelle, bien évidemment, mais aussi de la vie naturellement humaine. « L'homme vit », cela veut dire que la nature humaine dans l'homme se forme, se nourrit, s'édifie, se réalise par « ce qui sort de la bouche de Dieu », et que, sans cette nourriture, l'homme meurt, ce qui est proprement humain ne peut advenir.

Ce rappel du principe de tradition n'est pas un plaidoyer passéiste en faveur d'un passé illusoire, à la manière d'un *laudator temporis acti*, ignorant des conditions d'existence réelles des hommes d'autrefois, et méconnaissant les avantages qu'apporte la société moderne. L'histoire des siècles anciens fourmille d'horreurs. Mais notre XXème siècle n'a rien à leur envier. Je me situe non au plan des événements, mais à celui des principes qui commandent et justifient les comportements moraux.

Cela reconnu, il est évident que le monde contemporain s'est engagé résolument dans une direction opposée à celle que je viens de rappeler. Alors que toutes les civilisations et toutes les cultures de la terre se sont toujours tournées vers le Ciel et l'Invisible pour en recevoir les règles, lois et préceptes de leur anthropogénèse, notre monde, au siècle de la mort de Dieu, a fait le pari inverse : l'homme prétend se construire lui-même, en toute liberté, à partir de rien. L'homme n'est plus à réaliser, il est à inventer, d'où le transhumanisme, cette fumisterie pseudo-scientifique. Cependant toute action suppose une matière pourvue de déterminations sur laquelle elle puisse s'exercer. S'étant libéré de l'ordre naturel ancien – dans lequel il ne voit, sous le masque d'une soi-disant nature, que préjugés, hasards historiques produits des circonstances, et autres scories d'un passé révolu –, notre monde ne peut trouver les déterminations de son action qu'au niveau des exigences de sa seule animalité, c'est-à-dire au niveau de ce qu'il estime comme tel. Car, ne l'oublions pas, si, selon le progressisme « techno-industriel », le ciel des valeurs, des essences et des normes relève de l'idéologie et du mythe – comme le soutient le marxisme avec toute la philosophie moderne – cette animalité humaine que l'on érige en norme n'est pas moins idéologique. Ce ne sera jamais l'animalité comme telle, la nature comme telle, que l'homme rencontrera et qu'il prendra pour règle, mais toujours et nécessairement l'*idée*, qu'il se fait de l'animalité ou de la naturalité humaines. L'animalité devient alors un mythe, ou plutôt un pseudo-mythe, car le mythe véritable est toujours présentation symbolique d'une vérité-archétype intemporelle, propre à nourrir l'existence humaine et à lui donner sens, alors qu'ici c'est l'existence humaine et les incertitudes de ses désirs vagabonds qui nourrissent le mythe, ou du moins qui devraient le nourrir et en déterminer le contenu, mais c'est impossible. L'existence humaine ne reçoit sa forme et son sens que de ce qui la dépasse et qui vient d'En-Haut : en elle-même, elle ne trouve aucune détermination à laquelle elle ne puisse en substituer une autre ou dont elle puisse juger qu'elle l'a expérimentée dans sa vérité. Rien n'est plus significatif, à cet égard, que ce qu'on appelle aujourd'hui la libération sexuelle ou encore – et les deux vont de pair – la libération de la femme : on érige en dogmes, non le mythe du sexe ou celui de la femme, mais le sexe et la femme *mythifiés*. La sexualité n'étant plus référée à un mythe qui la transcende et lui confère son *objectivité*, elle est ramenée à l'appréciation *subjective* de celui qui la vit, c'est-à-dire au sentiment de la jouissance. Et c'est le sentiment de jouissance, éminemment subjectif, qui est érigé en norme objective, ou plutôt en pseudo-norme, car, de soi, le sentiment du plaisir n'est pas susceptible d'une détermination standardisée : toute jouissance est à la fois comblante et frustrante. À quoi s'ajoute l'incertitude du désir qui n'est jamais assuré de son objet, parce qu'il ne se connaît comme désir de *cet* objet que lorsqu'il l'a rencontré. D'où son vagabondage et ses errances : toute expérience est possible puisque le désir n'accède à sa vérité qu'au hasard de ses satisfactions. C'est lui pourtant que la « civilisation » actuelle pose, contradictoirement, en norme de vérité.

Il faudrait en dire autant de la « libération de la femme ». On nie, d'une part, qu'il y ait une essence de la femme, un archétype du féminin – *cf.* Simone de Beauvoir – et, d'autre part, on érige le simple fait d'être biologiquement une femme en norme de *droit*, ce qui réduit l'être féminin à l'abstraction d'un concept juridique. La femme a juridiquement « le droit de disposer de son corps » en tant que tel, ce qui implique entre l'être féminin et ce corps une séparation purement conceptuelle, conformément au « désincarnationnisme » général de la pensée moderne, à cet idéalisme nominaliste qui identifie l'être humain au « citoyen », lequel, en vérité, n'a logiquement de statut que comme contractant d'un contrat politique, non en tant qu'être individuel. C'est pourquoi, très rationnellement, Rousseau conclut son traité de l'éducation, *L'Émile*, en déclarant : « il faut choisir entre faire un homme et faire un citoyen ».

Je ne conteste pas les décisions législatives que les démocraties actuelles ont cru devoir prendre, dont certaines instituent un droit de vie et de mort. Je veux seulement souligner leur nature idéologique. Certes, cette idéologie se justifie au regard des conditions inacceptables qu'imposait la « non moins idéologique » législation antérieure. Mais cela ne suffit pas à faire perdre de vue les conséquences peu souhaitables qu'elles entraîneront

Notre monde s'est donc engagé dans un chemin que, jusqu'ici, l'humanité n'avait jamais pris. Les normes, les principes, les repères qui équilibraient la vie humaine depuis des millénaires, ont été abandonnés, rejetés, condamnés et remplacés par les « valeurs » – c'est plus démocratique. Ce qui paraissait avoir pour soi la puissance de l'ordre de la nature et l'autorité de la Loi divine s'est écroulé, sans beaucoup de résistance. Quelle victoire ! Et aisément remportée. C'est aussi que les principes n'ont d'autre force que celle de notre obéissance : c'est nous qui portons les principes, ce ne sont pas les principes qui nous portent. Mais ils nous verticalisent, car le poids que nous portons nous fait tenir debout, nous conformant à la verticalité de notre être. Ici apparaît enfin la vérité ultime du principe premier de la morale humaine : *noblesse oblige*. Ce qui me frappe et m'atterre, c'est que notre monde contemporain s'est engouffré dans la voie des révolutions morales – c'est-à-dire concernant les mœurs – en toute *inconscience*, comme si, avec l'homme, on pouvait tout faire sans risque, comme s'il était totalement indifférent, pour l'anthropogénèse, qu'on adopte tel principe ou qu'on l'abandonne, comme si cela n'était qu'une affaire d'options philosophiques, religieuses ou idéologiques, et restait sans nul effet sur la *réalité humaine* dont la société a charge d'assurer la viabilité. On sait pourtant que si l'on modifie le régime éthologique d'une espèce animale, on court le risque de la détruire. Comment ne pas se demander si l'espèce humaine survivra à l'abrogation de quelques principes et manières de faire qui réglaient sa vie depuis des millénaires ? Qu'on dénonce les abus et les injustices dont ces principes sont jugés – à bon droit ? – responsables, je le comprends. Mais qu'on n'hésite pas à rejeter ce qui, pendant si longtemps, était considéré comme une règle de *vie*, voilà ce qui m'effraie. En réalité, notre société ne sait tout simplement pas où elle va – elle ne se pose d'ailleurs même pas la question –, mais elle y court avec une obstination aveugle.

On estimera peut-être que j'exagère et que l'avenir n'est pas aussi sombre que je peux le craindre. Or, je n'annonce pas, je constate ; je ne parle pas du futur ni de catastrophes imminentes. Je parle du présent, et de ce qui se déroule sous nos yeux. Le monde humain se décompose aujourd'hui même. Toutes les parties de la société ne sont pas également atteintes par cette décomposition ; mais les jeunesses européenne et américaine présentent tous les symptômes d'une véritable « maladie d'humanité », d'une « anthropopathie ». Tous les modèles auxquels elles pouvaient mythiquement s'identifier ont disparu : elles ne savent plus ce que c'est que d'être homme. Or, je le répète, l'homme est l'être qui pour *être* et *faire*, a d'abord besoin de *savoir*. Il est du reste inévitable que l'anthropopathie que je diagnostique atteigne principalement la jeunesse puisqu'elle est, par excellence, l'âge de l'anthropogénèse. Ce qui ne signifie pas que les adultes en soient indemnes, tant s'en faut. On m'opposera, évidemment, toutes sortes de faits et de statistiques qui témoignent de la bonne santé apparente de nos sociétés. Je ne les nie pas *a priori*, encore que chacun d'eux exigerait un examen que je ne puis sérieusement envisager et pour lequel, au demeurant, je manque de compétence. Mais je sais que les apparences peuvent être trompeuses et que c'est en automne, au moment où il se décompose, que le feuillage des arbres présente ses couleurs les plus éclatantes.

En tant qu'être situé aux confins du monde visible et du monde invisible, l'homme appartient à la fois à l'ordre de la nature et à celui de la surnature. Il n'y peut rien : sa nature comporte une dimension de surnature, à savoir l'esprit qui est en lui. Cette noblesse constitue son destin. Refuser d'accomplir ce destin surnaturel, c'est-à-dire d'entrer dans la voie que lui propose la Révélation, c'est consentir à l'enfer de la dénaturation, et l'effacement du seul être au monde qui a été créé à l'image de Dieu.

Nancy, le 25.VIII.2017

TABLE DES MATIÈRES

Structures éditoriales du groupe L'Harmattan

L'Harmattan Italie
Via degli Artisti, 15
10124 Torino
harmattan.italia@gmail.com

L'Harmattan Hongrie
Kossuth l. u. 14-16.
1053 Budapest
harmattan@harmattan.hu

L'Harmattan Sénégal
10 VDN en face Mermoz
BP 45034 Dakar-Fann
senharmattan@gmail.com

L'Harmattan Cameroun
TSINGA/FECAFOOT
BP 11486 Yaoundé
inkoukam@gmail.com

L'Harmattan Burkina Faso
Achille Somé – tengnule@hotmail.fr

L'Harmattan Guinée
Almamya, rue KA 028 OKB Agency
BP 3470 Conakry
harmattanguinee@yahoo.fr

L'Harmattan RDC
185, avenue Nyangwe
Commune de Lingwala – Kinshasa
matangilamusadila@yahoo.fr

L'Harmattan Congo
67, boulevard Denis-Sassou-N'Guesso
BP 2874 Brazzaville
harmattan.congo@yahoo.fr

L'Harmattan Mali
Sirakoro-Meguetana V31
Bamako
syllaka@yahoo.fr

L'Harmattan Togo
Djidjole – Lomé
Maison Amela
face EPP BATOME
ddamela@aol.com

L'Harmattan Côte d'Ivoire
Résidence Karl – Cité des Arts
Abidjan-Cocody
03 BP 1588 Abidjan
espace_harmattan.ci@hotmail.fr

L'Harmattan Algérie
22, rue Moulay-Mohamed
31000 Oran
info2@harmattan-algerie.com

L'Harmattan Maroc
5, rue Ferrane-Kouicha, Talaâ-Elkbira
Chrableyine, Fès-Médine
30000 Fès
harmattan.maroc@gmail.com

Nos librairies en France

Librairie internationale
16, rue des Écoles – 75005 Paris
librairie.internationale@harmattan.fr
01 40 46 79 11
www.librairieharmattan.com

Librairie l'Espace Harmattan
21 bis, rue des Écoles – 75005 Paris
librairie.espace@harmattan.fr
01 43 29 49 42

Lib. sciences humaines & histoire
21, rue des Écoles – 75005 Paris
librairie.sh@harmattan.fr
01 46 34 13 71
www.librairieharmattansh.com

Lib. Méditerranée & Moyen-Orient
7, rue des Carmes – 75005 Paris
librairie.mediterranee@harmattan.fr
01 43 29 71 15

Librairie Le Lucernaire
53, rue Notre-Dame-des-Champs – 75006 Paris
librairie@lucernaire.fr
01 42 22 67 13